buch & media

Guten Morgen, Frau Botschaft!

Szenen bewegter Zeiten in Ägypten

Ein Tagebuch von Dagmar Bock

buch & media

Informationen über den Verlag und sein Programm unter:
www.buchmedia.de

Für Haidrun Schäfer

Originalausgabe
Oktober 2015
Verlag Buch&media

Lektorat: Silke Pachal, Berlin
Umschlaggestaltung unter Verwendung eines Bilds
von © Paul Rommer, Getty Images
ISBN 978-3-95780-046-6
ISBN ePub 978-3-95780-047-3
ISBN PDF 978-3-95780-048-0
Printed in Germany

Inhalt

2009 · 9
Arabisch lernen · 11
Wie es losging · 13
Empfang an der ungarischen Botschaft · 14
Begrüßung · 15
Security · 16
Beim Friseur · 18
Die Ärztin · 20
Paparazzi · 23
Einstein · 26
Ein Merkel-Fan · 27
Einladung · 28
Augenbrauen · 29
Internet · 31
Mikrokosmos · 33
Awad · 34
Hani · 35
Hala · 37
Farag · 38
Ahmed · 39
Mohammed · 40
Weihnachtsvorbereitungen · 42
2010/Kochen · 44
Ostern · 46
Khamasin · 47
Das Insektenbild · 49
Der Nadi · 51
Yoga im Nadi · 54
Mosesberg · 55
Tische rücken · 56
Siwa · 57
Tische rücken – Klappe: die zweite · 59

Ein ganz normaler Samstag · 60
Straßenbild · 63
Kochkurs · 66
Das Dorf Kairo · 68
Katzen · 70
Die Hochzeit · 73
Sar · 75
Mehr Musik · 78
Chihuahua · 82
Pause · 84
Augen und Doktoren · 86
Schweben · 89
Catwalk · 90
Der 3. Oktober · 94
Ein Rückblick · 98
Weihnachtsfeier 2010 · 102
24. Dezember 2010 · 103
2011 · 105
26. Januar · 106
Freitag, 28. Januar · 109
Samstag, 29. Januar · 111
Sonntag, 30. Januar · 112
Montag, 31. Januar · 113
Dienstag, 1. Februar · 114
Mittwoch, 2. Februar · 115
Donnerstag, 3. Februar · 117
Sonntag, 6. Februar · 121
Donnerstag, 10. Februar · 123
Montag, 14. Februar · 124
Informationssplitter · 131
»Tanzend Kochen« · 133
29. April · 134
Leichtblütig · 136
Geburtstag · 138
Dezember 2011 / Maracuya · 139

Das Spiel · 141
2012 / Dahabeya · 143
Ägypten, ein Jahr danach · 147
Facial Harmony · 149
Erinnerungen an Klub 3 · 152
Wüste · 155
Die Berlin · 158
Taxi · 160
Ein Schlüssel zum Nil · 162
El-Alamein · 164
Gesundheit · 166
Un- / Willkommen · 168
Pizza und TV-Nachrichten · 171
Konrad-Adenauer-Stiftung (KAS) · 173
Geschichten und Gerüchte · 175
Blutdruck · 177
Schizophrenie · 178
2013 / Michael wird 60 · 180
7. Januar · 181
8. Januar · 182
9. Januar · 184
10. Januar · 185
11. Januar · 186
12. Januar · 188
13. Januar · 189
Rotary Tanzgala · 190
Ausgerastet · 192
Der Anschlag · 194
Brodeln – Teil 1 · 196
Der Affe · 198
Brodeln – Teil 2 / 26. Juli · 200
Brodeln – Teil 3 / 30. Juni · 202
1. Juli · 204
Brodeln – Teil 4 / 2. Juli · 205
Der Morgen danach / 4. Juli · 206

5. Juli · 207
8. Juli · 209
9. Juli · 210
24. Juli · 212
28. Juli · 213
Noch eine Pause · 214
Marsa Alam · 216
Ein neues Kairo-Jahr · 218
Nationalfeiertag · 220
Im Auge des Vulkans · 224
Metamorphose im Mikrokosmos · 226
Déjà-vu: Adventszeit am Nil · 229
Besuch · 232
Eine lange Autofahrt · 235
2014 / Zeitlos · 237
Ohnmacht · 241
Sprache · 243
2014 · 244
Ein wenig Aktivismus · 246
Organisieren · 248
Was ist Geduld? · 251
Der Anruf · 252
Rituale · 253
Umzugsmarathon · 254
Zu guter Letzt · 255

2009

Als wir erfuhren, dass wir im Oktober 2009 nach Kairo versetzt würden, waren mein Mann und ich begeistert, schließlich lag zu der Zeit der Arabische Frühling noch in ferner Zukunft.

Michael hatte sich sehnlichst einen interessanten Botschafterposten gewünscht, und Kairo schien diesem Wunsch zu entsprechen. Selber war ich in heller Aufregung: Nicht wegen des Umzugs an sich, denn nach sieben Umzügen ist einer mehr kein besonderer Stressfaktor. Es war meine neue und erstmalige Funktion als Ehefrau eines Botschaftsleiters, die mir ein Kribbeln in der Herzgegend verursachte. Mein Kopfkino tobte: Was wird von mir erwartet? Bin ich den Anforderungen gewachsen? Oh je! Unbedingt muss ich mich um eine neue Garderobe kümmern, denn ich kann doch nicht im Berliner »Prenzlauer-Berg-Look« in Kairo herumlaufen. Muss ich mich ab sofort als feine Dame verkleiden? »Nylonstrümpfe sind ein Muss bei jeder Veranstaltung, bei jeder Temperatur«, erfuhr ich von einer Kollegin. Aber es gäbe ja die hauchdünnen, die man nicht sieht. – Wenn man sie nicht sieht, brauche ich sie vielleicht doch nicht immmer? – Vielmehr als Nylons und High Heels trieb mich aber die Befürchtung um, dass ich in meiner zukünftigen Funktion nicht mehr ich selbst sein dürfte: Nicht mehr laut lachen; Leute, die ich mag, nicht sofort umarmen; aufpassen, was ich wie sage. So stellte ich es mir vor. Also versuchte ich, mich zu entspannen und alles ganz locker auf mich zukommen zu lassen. Im KaDeWe verbrachte ich einen ganzen Tag mit Shoppen und kam vollbepackt und glücklich wieder heraus. Nun hatte ich einen Wohlfühlstil gefunden und empfand mich in puncto Garderobe für die neue Aufgabe gut gerüstet.

Arabisch lernen

Als Teil der Vorbereitung auf seinen neuen Posten erhielt Michael während der folgenden drei Monate täglich vier Stunden Arabischunterricht, und zwar Hocharabisch. Sein Lehrer sagte: »Um es richtig zu lernen, muss es weh tun ...« Er lernte die Struktur der Sprache, warum man was wie sagt und bekam so ein richtiges Fundament.

Das klassische Hocharabisch hat etwas Mathematisches, Logisches, und das tut meinem Mann gut. Meinerseits war ich froh, bei uns um die Ecke in Berlin Nabils Laden zu finden: Er verkauft arabische Literatur und gab mir einmal pro Woche Ägyptischunterricht. Ich nehme Sprachen eher intuitiv auf, kann mich relativ bald mithilfe von viel Mimik unterhalten und habe dafür wenig Ahnung von Grammatik. »Hocharabisch zu lernen und dann nach Kairo zu gehen ist fast so wie Latein zu lernen, weil man nach Rom kommt«, nimmt sich Michael selbst auf den Arm. Die Menschen schauen einen an, als würde man Shakespeare deklamieren. Nach der ersten Schockstarre wird man verstanden und bekommt sogar eine Antwort, die wiederum man aber leider selbst nicht versteht. Wir ahnten bereits, dass es abenteuerlich werden würde.

In unserer ersten Begeisterung schwärmten wir davon, bald vor unseren Töchtern eine Geheimsprache zu haben. Nach wenigen Unterrichtsstunden nahmen wir uns vor, die beiden mit einem kleinen Dialog auf Arabisch zu beeindrucken. Aber dieses Experiment scheiterte kläglich. Hocharabisch und das ägyptische Arabisch sind so unterschiedlich, dass wir uns auf keinen einzigen Satz einigen konnten. So diskutierten wir, und es wollte keiner von uns nachgeben.

In einer meiner ersten Unterrichtsstunden, als es noch um das Alphabet ging, lernte ich das Wort für Bär: »Dubb«. Zu Hause sagte ich zu Michael liebevoll und voller Stolz: »Dubbi«, mein Bär. Er bat daraufhin beim nächsten Unterricht seinen Professor, ihm Tiere beizubringen. Der allerdings meinte: »Also, bei mir lernen Sie erst einmal die ortsüblichen Tiere, wie zum Beispiel Esel oder Kamel.«

Wie es losging

Das Umzugsunternehmen kam und packte eine Woche lang. Wir nahmen uns in Berlin für die letzte Zeit eine möblierte Wohnung. Einige Tage später saßen wir in einer *Egyptair*-Maschine nach Kairo.

Dort angekommen, wurden wir von einem Fahrer der Botschaft abgeholt und direkt ins *Marriott*-Hotel gebracht, unserem Zuhause für die nächsten Wochen. Von dort sind die Botschaft und die Residenz in wenigen Minuten zu Fuß zu erreichen. Beide Gebäude sind von einer Mauer umgeben. Zur Residenz gehört ein herrlicher Garten mit altem Baumbestand. Eine wahre Oase. Der Bau selbst wirkt im Stil wie eine Turnhalle oder Sparkasse: flach mit großen Fensterflächen und bläulich grünen Metallbalken. Wie wohl in den meisten Residenzen, ist unten der offizielle Bereich: der Eingangsbereich, ein großer Salon mit Konzertflügel, der sogenannte Damensalon, das kleine Frühstückszimmer, ein großes Esszimmer und eine voll ausgestattete Restaurantküche. Die privaten Räume sind im Obergeschoss. Gleich am Nachmittag seines ersten Arbeitstages lud Michael das Botschaftspersonal zu uns in den Garten, um uns allen vorzustellen. Dr. Badr übersetzte Satz für Satz. Michael erzählte von uns, dass wir gerade aus Berlin kommen, zwei erwachsene Töchter haben, die in Holland studieren und »Wie lange sind wir verheiratet? 27 Jahre?«, doch ich verbesserte: »25«, und knurrte hinterher: »Es kommt dir nur so lang vor!« Der Übersetzer hatte das gehört und gleich auf Arabisch weitergegeben. Es wurde gelacht und ich merkte, dass ich ja anscheinend doch ich selbst sein durfte. Über diese frühe Erkenntnis war ich unendlich froh.

Empfang an der ungarischen Botschaft

Unser Container mit allem Umzugsgut stand noch in Alexandria und wartete auf die Zollabfertigung. Vorausschauend hatten wir für Partys und Empfänge Kleidung im Gepäck mitgebracht, denn gleich in unserer ersten Woche wurden wir zum ungarischen Nationalfeiertag eingeladen. Es war eine großartige Gelegenheit, um viele Kollegen aus anderen Botschaften kennenzulernen. Der serbische Botschafter lief mit Michael von einem zum anderen und stellte ihn vor. Es war für mich nicht ganz einfach, schnell genug hinterherzukommen. Ich schüttelte unzählige Hände und stellte mich vor: »Guten Abend. Schön, Sie kennenzulernen. Ich bin Dagmar Bock, die Frau des neuen deutschen Botschafters.« Zehnmal. Zwanzigmal. Etwa beim fünfunddreißigstenmal hörte ich mich sagen: »Guten Abend. Ich bin Dagmar Bock, die neue Frau des deutschen Botschafters.«

Begrüßung

Noch war das Umzugsgut nicht da, und ich nahm mir vor, die nähere Umgebung kennenzulernen. Als ich gerade am Eingang der Kanzlei vorbeiging, öffnete sich die Tür und einer der Reiniger trat auf die Straße. Ganz stolz, dass ich ihn wiedererkannt hatte, begrüßte ich ihn: »Sabah al-kher!« Doch im Moment, als ich den Gruß aussprach, wollte sich eine Fliege auf mein Gesicht setzen. Um sie zu verscheuchen, machte ich mit der Hand eine kreisende Bewegung vor meiner Nase. Der Reiniger antwortete höflich: »Sabah an-Noor«, und machte zu meiner Verblüffung die gleiche, kreisende Bewegung vor seiner Nase … Ägypter sind anscheinend sehr anpassungsfähig.

Security

Bodyguards gibt es nicht, und der Dienstwagen ist auch nicht sonderlich gesichert. Das braucht man hier nicht, und selten habe ich mich in einem Land so sicher gefühlt. Allerdings möchten die Ägypter, dass sich Ausländer geschützt fühlen und haben an touristischen Orten ein großes Polizeiaufgebot. Bei den ausländischen Besuchern hat dies aber den gegenteiligen Effekt. Jeder denkt: Oh, oh, was werden hier für Unruhen erwartet …

Aber Botschaft und Residenz sind rund um die Uhr geschützt. Vor der Tür stehen meistens drei Personen: ein ägyptischer und ein deutscher Sicherheitsbeamter sowie jemand vom ägyptischen Geheimdienst. Wenn Besucher zu uns wollen, müssen wir sie vorher anmelden; sie müssen sich ausweisen können und gehen durch eine Sicherheitsschleuse. Außerdem wird jede Abfahrt und jede Ankunft per Walkie-Talkie irgendwohin gemeldet.

Wenn ich – egal woher – zu Fuß nach Hause zurückkomme, springt einer der Sicherheitsbeamten auf, öffnet mir die Tür und klingelt im Haus. Dabei wette ich, dass er einen Code durchklingelt: »Achtung, Achtung, sie kommt! Tut beschäftigt.« Prompt kommt dann auch schon jemand vom Hauspersonal mit großem Lächeln an die Haustür, und tatsächlich hat jeder einen Lappen, Staubsauger oder Holzlöffel in der Hand.

Ich habe eine kindliche Freude daran, mich heimlich anzuschleichen. Dann gehe ich im Schatten der Bäume unaufällig hinter den Autos durch und stehe plötzlich vor der Tür. Aber sie kennen das jetzt schon. Neulich wurde ich vom Beamten, der die Visastelle bewacht, gesehen und sofort gab er hektisch Bescheid. Vor ein paar Tagen kam ich einmal ungesehen aus dem Haus, weil alle gerade mit einem suspekten Wagen beschäftigt waren. Als ich zurückkam, wurde ich gefragt, ob ich auswärts übernachtet hätte. Der Diensthabende war sehr betreten, weil er mich beim Hinausgehen nicht bemerkt hatte.

Inzwischen sollte ich die Security-Leute beim Namen kennen. Einige von ihnen lernen Deutsch und sind ganz stolz darauf: »Guten Morgen, Frau Botschaft, wie geht es Ihnen?« Auf einer Liste sah ich, dass einer namens Mohammed Geburtstag hatte. Ich fragte nach. Es gab beim Sicherheitspersonal drei, die Mohammed hießen, aber das Geburtstagskind hatte gerade keinen Dienst. Am Tag darauf stellte mir der eine Mohammed den Geburtstag-Mohammed vor. Ich drehte mich um, um ihm nachträglich zu gratulieren und reichte ihm die Hand. Er bedankte sich strahlend, zog mich an sich und küsste mich links und rechts auf die Wangen. Ein absoluter Tabubruch! Ich war völlig überrumpelt und kann nur hoffen, dass das nicht die Runde macht und jeder ein Geburtstagsküsschen will.

Beim Friseur

Noch in Berlin, wollte eine Freundin einmal einen Friseurtermin. Doch der nächstmögliche war erst in drei Wochen zu haben. Sie sagte mir dann: »Ich brauche doch keine Gehirnoperation, ich möchte nur, dass er mir die Haarspitzen schneidet.«

Mit dieser Geschichte in lebhafter Erinnerung ging ich hier in Kairo zum ersten Mal zum Friseur. Mein Arabisch war so schlecht wie sein Englisch. Einen Termin hatte ich nicht. Ich wollte vorsichtig sein und ließ mir einfach nur die Haare waschen und föhnen. Er warf von Weitem einen kritischen Blick auf meine Hände und fragte in einem Ton, der eigentlich keine Widerrede duldete: »Manicure?« »Ja, ok.« 25 Minuten später war ich mit gepflegten Händen und schönen Haaren wieder draußen. Alles für umgerechnet zwölf Euro.

Das gefiel mir so gut, dass ich eine Woche später wieder zu »Figaro« ging. Er sagte gleich an der Tür: »Today cut, front only.« Wieder war ich 25 Minuten später mit leicht gestufter Gesichtsumrahmung draußen. Doch, doch, gar nicht schlecht.

Erneut etwa zehn Tage später lautete sein Spruch: »Today color.« In Deutschland hatte ich schon alles an möglichst naturbelassener Tönung ausprobiert: Henna, Walnuss usw. Nun beschloss ich, ihm einfach zu vertrauen. Ohne viel Aufhebens wurde der Ansatz gefärbt und … Ja. Schön!

Neulich dann empfing mich »Figaro« bereits an der Tür mit einer Zeitschrift in der Hand. Das Modell auf dem Titelblatt hatte eine Löwenmähne und er sagte: »Today you change style.« Diesmal dauerte es etwas länger, aber ich ging mit ebenso einer Löwenmähne nach Hause!

Inzwischen könnte ich mehr auf Arabisch sagen, aber ich glaube, ich will gar nicht.

Die Ärztin

Gestern hatte ich einen Termin bei einer Ärztin, die in Deutschland studiert hatte. Es gab nicht so viel Stau wie erwartet, und ich war ein bisschen vor meinem 20-Uhr-Termin (!) vor Ort. Rasch stieg ich aus und der Fahrer verschwand, um zu parken. Der Eingangsbereich vor dem Hochhaus sollte wohl neu gefliest werden, und ich stand etwas ratlos vor dem mit flüssigem Zement bedeckten Areal. Ein Arbeiter kam zu Hilfe. Ich folgte ihm in eine dunkle Seitenstraße. Das hätte ich wohl in keinem anderen Land so gemacht, aber hier ist das möglich. Nach weiterem Abbiegen kamen wir durch den Hintereingang in das Hochhaus. Der Arbeiter stieg mit in den alten Lift, der zur 7. Etage fuhr. Er hielt mir die Tür zu einer Wohnung auf und verabschiedete sich dann.

In der Wohnung begrüßte mich ein älterer Herr, der von einem Plüschsofa aufstand. Als ich nach Dra Amina fragte, zeigte er auf eine offene Tür. Dra Amina telefonierte. Sie winkte mich heftig gestikulierend in den Raum, zeigte auf einen Stuhl und sprach in perfektem Deutsch weiter: »Nein Ilse, hör zu: Du gehst jetzt einfach zu deinem Steuerberater. Ja, ruf ihn sofort an. Nein, ich kann jetzt nicht nach Deutschland kommen. Das ist sicher nur ein Ausschlag. Du brauchst nur eine Salbe. Nein. Nein. Ich brauche doch ein Visum. Das dauert acht Wochen! Außerdem ist es mir zu kalt. Ich komme inshallah im Mai. Ja, deinem Hund wird es auch bald besser gehen. Ich habe jetzt eine Patientin. Ich rufe dich später noch einmal an.« Und dann zu mir: »Guten Tag, entschuldigen Sie, das ist meine beste Freundin. Wir waren seit dem zwölften Lebensjahr zusammen hier an der deutschen Schule. Sie lebt jetzt in Hamburg.« Sie fragte mich, ob ich an der deutschen Schule arbeite. Als ich ihr sagte, dass ich die Frau des neuen deutschen Botschafters bin, sprang sie auf vor Freude: »Endlich! Endlich!!! Ich freue mich ja sooooo, dass Sie hier sind! Ich muss das gleich meinen Freundinnen erzählen!«

Ich wurde gut beraten. Für die Untersuchung gingen wir durch das Wohnzimmer mit dem Plüschsofa in einen anderen Raum. Sie empfahl einen Bluttest. Ihr Mann (der ältere Herr auf dem Plüschsofa) habe ein Labor in der Wohnung und sei auf genau diese Art von Bluttests spezialisiert. Da willigte ich ein, gleich Blut abnehmen zu lassen und mir so ein weiteres Mal den langen Weg zu ersparen. Sie nahm selbst die Probe und rannte damit zu ihrem Mann. Dann wühlte sie hektisch in einer Schublade und rief aufgeregt nach einem Pflaster.

Ich bezahlte für die Untersuchung umgerechnet 30 Euro. Dann wollte ich auch direkt die Laborrechnung begleichen. Aminas Mann wollte mir die Laborrechnung erlassen, denn auch er sei ja so froh, dass ich da war. Nach langem Hin und Her durfte ich doch bezahlen. Noch einmal 30 Euro. Amina sagte ihrem Mann: »Sie ist versichert, schenke ihr lieber Blumen oder etwas anderes!«

Wir werden uns sehen. Wir werden telefonieren. Vielleicht kann ich mal mit ihr nach Luxor mitfahren, wenn sie in den Armenvierteln pro Tag 60 Patienten untersucht. Wir werden telefonieren. Sie umarmte mich. Wir sehen uns. Inshallah. Wir werden telefonieren. Ich muss das gleich meinen Freundinnen erzählen. Die werden sich freuen!

Ein Helfer aus dem Labor fuhr mit mir im alten Lift hinunter. Der Arbeiter hatte inzwischen einen Weg aus Pressplatten auf den Zementsee gelegt. Wie eine Prinzessin balancierte ich darüber auf die Straße.

Paparazzi

Mit zu den attraktivsten Erlebnissen gehört ein Besuch der Kairoer Oper. Nicht nur, weil das Programm abwechslungsreich ist, sondern weil das Opernhaus nur etwa acht Fahrminuten von uns entfernt liegt. Außerdem bekommen wir häufig Karten geschenkt, weil die Botschaft die Oper kulturell stark unterstützt.

Neulich fragte mich Michael, ob ich Interesse an spiritueller ägyptischer Musik habe … Wir bekamen zwei Karten. Nebenbei erwähnte er, dass die Botschaft das Konzert sponsert, schenkte dem aber keine große Bedeutung.

(Vorher wollte ich mir unbedingt die Haare waschen und die Hände pflegen lassen. Für beides lohnt es sich wirklich, kurz zu »Figaro« zu gehen. 30 Minuten später kam ich aufgehübscht wieder nach Hause.)

Wir fuhren mit dem offiziellen Botschaftswagen vor. An der Oper angekommen, erlebten wir einen unerwarteten Empfang. Die Türen des Autos wurden aufgerissen, schnellen Schrittes wurden wir durch den VIP-Eingang gezogen, auf die besten Plätze gesetzt und von etwa sechs Paparazzi mit Blitzlichtern verfolgt (Danke, Figaro). Michael wurde gefragt, ob er denn eine Rede halten würde. Er antwortete völlig souverän: »Das überlassen wir ganz den Ägyptern.« Zack, saß der Opernhausdirektor neben Michael. Noch mehr Blitzlichter. Die Musik war himmlisch. Ein Sufi-Sänger trug Lieder vor, ein Chor sang und eine Band mit zwei deutschen Top-Musikern verjazzte alles sanft. Pause. Der Operndirektor zog Michael und der wiederum mich aus dem Sessel, und wir galoppierten durch einen Gang zum VIP-Raum. Blitzlichter. Dort bekamen wir Guaven- und Mangosaft, Tee, Kaffee und Wasser. Michael wurde interviewt. Erneutes Blitzlichtgewitter. Die Pause war vorbei. Wir preschten auf unsere Plätze zurück und die zweite Programmhälfte war ebenso himmlisch. Ende. Applaus. Erneut riss der Operndirektor Michael aus dem Sessel und er mich. Diesmal rasten wir die Treppe hinunter. Gerade noch rechtzeitig merkte ich, dass beide Richtung Bühne jagten. Ich machte eine Vollbremsung, lehnte mich »elegant« an eine Säule und blätterte »lässig« im Programm. Michael und der Opernhausdirektor standen auf der Bühne, verbeugten sich und wurden wie Boxkämpfer bejubelt. Nochmaliges Blitzlichtgewitter. Anschließend ging es schleunigst zurück zum wartenden Wagen. Uff!

Gestern waren wir eingeladen: Die deutsch-ägyptische Gesellschaft gibt sich die Ehre, den neuen Botschafter und seine Frau …

Michael kommt etwas früher aus dem Büro und bereitet seine Rede vor. Ich probiere verschiedene Klamotten durch. Schließlich entscheide ich mich für einen schönen, schwungvollen, schwarzen Rock, einen schwarzen Wickelblazer und eine knallrote Rüschenbluse. Um den Effekt Schwarz-Rot-Gold zu vermeiden, wähle ich Silberschmuck dazu aus. Im Auto fällt mir auf, dass das nun eher die ägyptischen Farben sind: Rot-Weiß-Schwarz. Ja, nun. Eine innere Stimme sagt mir: »Du wirst eine Rede halten.« Ich höre gerne auf meine innere Stimme, konnte aber in dem Moment nichts mit der Information anfangen. Im *Four-Seasons*-Hotel gelangen wir zum Salon. Im Vorraum steht ein Fernsehteam. Sofort wird Michael um ein Interview gebeten. Ich kann nicht hören, worum es geht, merke, dass er auf Englisch befragt wird und nach wenigen Sätzen immer ins Arabische übersetzt wird. Das Interview ist vorbei, und Michael wird auf seinen Platz im Salon begleitet. In dem Moment werde ich vom TV-Team gesichtet und um ein Interview gebeten. Vor der Kamera werde ich nach ein paar netten Floskeln gefragt, womit ich mich in Ägypten beschäftigen werde. Ja, da ich mich nicht vorbereiten konnte, sprach ich ganz freimütig und erzählte, dass ich natürlich meine Aufgaben als Frau des Botschafters wahrnehmen werde und ich traute mich auch zu sagen, dass ich mit einer Entspannungstherapie arbeite und darin in Ägypten Kurse geben werde.

Unser Umzugsgut ist da, und alles hat seinen Platz gefunden. Die Bilder hängen.

Einstein

Ägypter können alles reparieren: Unser CD-Spieler funktionierte nicht mehr und jemand empfahl uns einen Laden auf der Nilinsel Zamalek.

Ein winziger Laden, aus dem der Besitzer ein paar Möbel auf die Straße räumt, wenn man zu dritt hinein möchte. Er repariert und erfindet. Eigentlich mehr wie Daniel Düsentrieb, aber er sieht aus wie Einstein. Die Wände sind voll: An einer hängt ein großer antiker Spiegel. Mitten im Spiegel wurde ein kleines Waschbecken angebracht. Er führt ein paar seiner Erfindungen vor. Wenn sein uraltes Telefon klingelt, drückt er auf einen Knopf. Eine Antenne fährt aus, an ihrer Spitze ist der Telefonhörer festgebunden. So kann Einstein telefonieren und die Hände für seine Arbeit freihalten. Eine andere Erfindung ist ein Gerät, mit dem ferngesteuert Insektenspray versprüht werden kann, ohne das Gift einzuatmen.

Unser CD-Spieler war nicht mehr zu reparieren. Wir bekamen einen viel wertvolleren aus zweiter Hand und vom zweiten Mann der japanischen Botschaft. Einstein wollte um 15 Uhr zu uns kommen, um das neue Gerät persönlich zu installieren. Frisch gebadet, rasiert, im schwarzen Anzug mit weißem Hemd und Krawatte erschien er kurz nach 17 Uhr. An der Tür zog er die Schuhe aus und klappte den Teppich um. Drei Helfer guckten ihm bei der Arbeit zu. Wir genießen die gute Klangqualität. Heute versagte eine andere kleine Musikanlage. Ich brachte sie zu Einstein. Er hörte nicht auf, sich zu verbeugen, vermisste wohl seinen schwarzen Anzug und versprach mir, ein Insektenspraygerät zu bauen. Hoffentlich repariert er zuerst die Musikanlage.

Ein Merkel-Fan

Im Arabischen werden kurze Vokale nicht geschrieben. So wie wir aus »Hbf« sofort Hauptbahnhof lesen, geht es im Arabischen generell. Wir werden also Bck geschrieben, und ob dazwischen ein kurzes a, i, o oder u fehlt, ist kaum herauszuhören. Neulich schrieb ein Ägypter Michael eine Mail, in der er seine Begeisterung über Frau Merkel äußerte. Arabisch Mrkl. Lustigerweise setzte er in der Mail irgendwelche Vokale ein, und es wurde Mrs. Miracle draus.

Einladung

Die Ehefrau des britischen Botschafters ist sehr aktiv. Außerdem beneide ich sie, weil sie eine Sekretärin hat, die alles übernimmt, was die Residenz des Botschafters betrifft. In der britischen Residenz finden die regelmäßigen Treffen zur Organisation und Aufarbeitung des EU-Basarkomitees statt. Normalerweise steige ich beim Gartentor aus dem Auto, laufe durch einen Sicherheitsbogen, und dann sind es noch circa 50 Meter bis zum Hauseingang. An einem Montag wurde zum ersten Mal auch meine Handtasche untersucht. Der ägyptische Sicherheitsbeamte sagte: »Oh, zwei Bomben«, und freute sich über seinen Witz. Ich sagte: »Was? Zwei Bomben? Da muss ich wohl eine verloren haben!« Wir lachten beide. Jede Arbeit läuft besser, wenn eine gewisse Heiterkeit zugelassen wird.

Am Donnerstag darauf wurde ich wieder in die britische Botschaft eingeladen. Diesmal zu einem Lunch. Niemand stand am Gartentor und ich ging selbstständig durch den Sicherheitsbogen. Als ich schon fast an der Haustür war, tauchte derselbe Witzbold vom Montag auf und rief hinter mir her: »Hungry?« Ich rief zurück: »Yes, very hungry!« Da meinte er: »German? Italy? Spain? Hungary?«

Augenbrauen

Ich mag meine Augenbrauen, doch von Zeit zu Zeit müssen sie etwas in Form gebracht werden. Nur leicht, wie ich finde. Doch da gehen wohl die Meinungen auseinander …

Beim Friseur bringen die Manikürdamen die Augenbrauen in Form. Sie haben eine bestimmte Methode, die Härchen zwischen zwei Fäden wegzuzwirbeln, die genial aussieht. Mit beiden Händen und den Zähnen halten sie die Fäden und es geht ruck, zuck! Das wollte ich auch mal ausprobieren. Mann, tat das weh! Mir liefen die Tränen und ich suchte nach passenden Worten: »Bitte, nur ein bisschen.« Mit einem »Ja, ja« wurden sie ignoriert. Dann nahm die Dame auch noch eine Schere und schnitt blitzschnell die etwas längeren Haare an der Nasenwurzel einfach ab. Ich war entsetzt und verärgert. Bei meinem nächsten Arabisch-Unterricht lernte ich zu sagen: »Das tut weh«, und »Ich mag keine dünnen Augenbrauen«. Zur Betonung lernte ich auch noch: »Ich mag meine Augenbrauen.« Trotzdem ließ ich ein paar Wochen verstreichen, bevor ich mich wieder einer Augenbrauenpflege unterzog. Zur Sicherheit ging ich zu einem anderen Friseur. Ich verbot der Manikürdame die Verwendung von irgendwelchen Fäden, also »nuuuur« Pinzette und sagte dazu meine Sprüchlein auf. »Ja, ja«, war die Antwort und sie zupfte zuerst nur brav auf der Nasenwurzel, noch ein bisschen auf der Unterseite und stürzte sich dann plötzlich auf die Oberseite meiner Brauen. Da rief ich »Stopp!« und sagte laut wieder meine Sprüche auf. »Ja, ja«, sagte sie, und dann holte sie auch noch blitzschnell eine Schere aus der Kitteltasche und schnipp, waren die etwas längeren Haare an der Nasenwurzel weg.

Von da an nur noch: Brille, Vergrößerungsspiegel, selbst machen.

Internet

Es ist schwierig, in unserer Wohnung eine verlässliche Internetverbindung zu installieren. Viele Experten haben sich schon den Kopf zerbrochen. Ich persönlich delegiere das gerne an sie, denn ich möchte einfach, dass es klappt.

Der aktuelle Experte installierte ein Modem unter der abgehängten Decke. Wir gewöhnten uns schnell daran, dass also im Flur aus der Decke eine kurze Antenne ragt. Manchmal zeigen wir darauf und sagen zum Spaß: »Psst, wir werden abgehört.«

Eine Zeit lang klappte es ganz gut mit dieser Notüberbrückung. In den letzten Tagen aber hatte ich kein Internet und so kam gestern der Experte vorbei. Zuerst wollte er meinen PC neu formatieren. Mein Antivirusprogramm sei so schlecht, das könne nur ein Virus sein.

Dann bequemte er sich doch, eine Leiter zu holen und das eine Deckensegment abzumachen. Das Modem war von Ratten völlig verunstaltet worden, die Kabel waren abgenagt. Ich bin in den Tropen in Venezuela aufgewachsen und manches gewöhnt. Schlangen, Spinnen, Kakerlaken und Skorpione beeindrucken mich kaum. Aber Ratten sind mir ein Graus!

Der Hausmeister und die Verwaltungschefin der Botschaft kamen herüber, dazu ein weiterer IT-Experte und mein eigenes Personal. Gemeinsam installierten sie vier Rattenfallen. Bei Einbruch der Dämmerung waren vier sehr wohlgenährte Ratten gefangen. Jedes Mal fuhr ich zusammen, wenn ich die Falle zuspringen hörte. Widerlich. Abends toastete ich mir ein Brot. Als es aus dem

Toaster sprang, fuhr ich abermals erschrocken zusammen. Fortsetzung folgt, fürchte ich!

Mikrokosmos

So nenne ich meine kleine Welt in der grünen Villa auf der Nilinsel Zamalek. Das Team besteht aus fünf Mitgliedern: dem Koch, einem Hilfskoch, einer Putzfrau für den privaten Teil der Residenz, einer Art Butler und dem Fahrer.

Am ersten Tag hielt ich eine kleine Rede. Ich ließ Satz für Satz übersetzen, damit keine Verdrehungen oder Abkürzungen zustandekamen.

Sinngemäß sagte ich: »Mein größtes Anliegen ist, dass sich jeder, der durch diese Tür kommt, glücklich fühlt. Dafür ist es sehr wichtig, dass es euch gut geht. Jedem Einzelnen. Wenn der Koch sauer ist, kocht er eine saure Suppe, und die Gäste werden auch sauer. Ich werde euch jeden Tag fragen, wie es euch geht. Das ist mehr als eine Begrüßung. Ich möchte dann auch wirklich erfahren, wie es euch geht.« Daran habe ich mich auch gehalten. Ich gebe jedem die Hand, frage, wie es ihm oder ihr geht und spüre nach.

Awad

Awad ist der Älteste in meiner Truppe. Er ist der Bruder des Kochs und seine rechte Hand. Er schnippelt, wäscht Obst und Gemüse und reinigt alles, was sein Bruder benutzt. Vorher und nachher. Außerdem macht er die kleinen alltäglichen Einkäufe. Er ist der Einzige, der mit mir nur Arabisch spricht. Langsam, aber fließend. Ich verstehe nicht immer jedes Wort, aber immer den Inhalt. Er ist schon um 6.30 Uhr da und bereitet das Frühstück zu. Es ist ihm wichtig, dass wir zufrieden sind. Meistens sind wir das auch. Nur manchmal schneidet er Obst auf dem Zwiebelbrett und möchte, wenn ich es ihm sage, vor Betroffenheit im Erdboden verschwinden.

Neulich war sein letzter Arbeitstag. Offiziell. Wir ließen ein Mittagessen vorbereiten und im Garten für unser Personal, also für »die Familie«, decken. Die beiden Gärtner waren auch mit von der Partie. Michael hielt eine Minirede auf Arabisch. Alle verstanden ihn und Awad weinte. Er konnte kaum essen. Zum Glück lagen die Boccia-Kugeln im Gras und Michael lud drei der Herren auf ein Match ein. Die anderen schauten zu und freuten sich.

Wenn große Einladungen anstehen, kommt Awad und hilft aus.

Hani

Hani (eigentlich eher Hähni ausgesprochen) ist koptischer Christ und, wie wir gleich merkten, grundehrlich. Er ist unser privater Fahrer. Also meiner. Hani spricht nur wenig Englisch. Am Anfang musste ihm jemand sagen, wo Madam hin wollte oder musste. Dann saßen wir schweigend nebeneinander. Nach ein paar Tagen redeten wir. Vor allem aneinander vorbei. Ein paar Wochen später fingen wir an, das Gefühl zu haben, dass wir einander verstanden hatten. Um sicher zu sein, holten wir nach der Fahrt jemanden, um nachträglich zu übersetzen. Es geht jetzt immer besser. Neulich habe ich ihm sogar einen Witz erzählt. Auf Englisch mit einzelnen Arabischvokabeln. Er wiederholte den Witz auf Arabisch mit einzelnen Englischvokabeln. Generell sollte er langsam auf Arabisch und in ganzen Sätzen sprechen. Und ich auf Englisch. Wir halten uns beide nicht daran. Jeder ist stolz auf die paar Dinge, die er in der fremden Sprache sagen kann. Eine weitere Schwierigkeit ist, dass Hani von einem Thema zum anderen springt, und ich muss meine gedankenleserischen Fähigkeiten aktivieren, um zu kapieren, worum es gerade geht. Einmal brauchte ich ewig, um zu merken, dass er mit »embssri« nicht »embassy«, sondern MP3 meinte.

Dabei ersetzt er mein Erinnerungsvermögen und teilweise meine unzähligen Listen. Im Auto sitze ich neben ihm, anstatt – wie es sich eigentlich gehört – rechts hinten. Hinten wird es mir schnell schlecht.

Hani weiß, wo man was reparieren lassen kann und vor allem auch, wo es noch billiger geht. Das geht manchmal schief. Einmal nahm er ein Paar Schuhe von Michael mit, um sie neu besohlen zu lassen. Seitdem klappert der eine Schuh: klick, klack. Das nervt. Hani zog wieder los. Er kam zurück und der Schuh klapperte immer noch. Aber in einem anderen Ton. Es nervt immer noch. Michael tanzte und steppte, um es Hani vorzuführen und dieser versprach Abhilfe. Er machte sich selbst an der Sohle zu schaffen und brachte Michael voller Stolz die Schuhe. »Gut?« »Na, ja. Etwas besser.« Ich bin gespannt, wann sie im Müll landen.

Hala

Hala gehört zum Inventar. Seit 26 Jahren putzt sie den privaten Teil der Residenz. Ich bin sicher, dass sie Bände schreiben könnte über die Eigenarten der verschiedenen Botschafter und deren Familien … Mir tut es gut, ein Stück unterstützende weibliche Energie an meiner Seite zu wissen. Sie arbeitet selbstständig und ist sehr diskret. Ihre Stimme ist etwas rau und ihr Lachen klingt, als wenn man einen Sack rostiger Schrauben schüttelt. Ich liebe dieses Lachen! Sie hat auch einen trockenen Humor und ich wünschte, ich könnte alles verstehen was sie sagt.

Ganz zu Anfang gab es eine Situation, die die Stimmung hier ganz gut wiedergibt. Wir waren in der Küche, und ich probierte, dem Koch meine italienische Kaffeemaschine zu erklären. Wie so oft waren alle anderen auch da, um beim »Übersetzen« zu helfen. Ich öffnete die Kanne und zeigte, bis wohin man Wasser einfüllt, setzte den Filter ein, erklärte, wie viel Kaffeepulver hineingegeben und wie die Kanne verschraubt wird. Dann erwähnte ich, dass das Wasser ganz einfach durch den Filter steigt und dann oben der fertige Kaffee ist. Ich hörte (und verstand) wie Hala ganz trocken: »li wahdu« – »ganz von allein« sagte, und wir platzten alle vor Lachen.

Farag

Farag ist unser Koch. Er bekocht uns lecker und gesund, und er kann von jetzt auf gleich ein Abendessen für zwölf zaubern oder Häppchen für einen Empfang mit 50 Personen. Da ich selbst leidenschaftlich gerne koche, mache ich ihm Vorschläge, die er jedoch zu sabotieren tendiert. Er fürchtet wohl, nicht gebraucht zu werden. Es klappt nur, wenn ich ihm ein Rezept gebe und behaupte, ich würde das nicht können, er solle es mal probieren. Seitdem backt er selbst Brot. Baguette, Toast, Focaccia mit Rosmarin und Grissini. Im Internet fand ich auch eine Videoanleitung für selbst gemachten Strudelteig. Von mir hätte er die Idee nicht akzeptiert. Vor Einladungen lasse ich ihn verschiedene Menüvorschläge aufschreiben und entscheide mit ihm gemeinsam.

Neulich stellte ich unsere Eiscrememaschine in die offizielle Küche und gab ihm ein paar Rezepte. Der eine Freezer ist nun gefüllt mit Sorbets in allen Farben. Heute gab ich ihm das Rezept für Kräutersorbets, die zwischen den Gängen serviert werden können. Ich glaube, er hat Spaß daran.

Er dürfte Anfang 50 sein. Mir gegenüber ist er immer höflich und sanft. Aber ich weiß, dass er sehr streng und laut werden kann. Wie ein kleiner, heftiger Sturm. Leider hat er ein paar Zahnlücken und lacht auf Fotos nie.

Ahmed

Ahmed heißt Farags Sohn und ist anstelle von Awad unser neuer Hilfskoch. Er ist angeblich 21, sieht aber aus wie 16. Wir kennen ihn noch nicht richtig, doch macht er einen guten Eindruck. Von vornherein wusste er, dass ich jeden mit Handschlag begrüße und macht brav mit.

Mohammed

Unser Kapitän. Den Titel hat er bekommen, weil er aus dem Team derjenige ist, der am besten Englisch spricht. Automatisch flogen ihm neue Aufgaben zu. Er organisiert bei großen Einladungen alles, was gebraucht wird: Kellner, Tische, Wasserpfeifen, frische Säfte, alles. Bei Tisch bedient er hervorragend und behält den Rest der Truppe unter Kontrolle. Dazu übersetzt er. Auch vom Arabischen ins Arabische, das heißt, er übersetzt mein etwas gestammeltes Arabisch in verständliches Arabisch. Manchmal finde ich, dass es nicht notwendig gewesen wäre, aber es fehlt mir noch eine kleine Dosis Selbstsicherheit, bevor ich mich gegen seine Übersetzung wehre. Es ist sehr angenehm, dass er sich Sachen sagen lässt. Wenn ich etwas kritisiere, übersetzt er es für alle, auch wenn es eigentlich nur ihn selbst angeht. Das ist auch eine Art, sein Gesicht zu wahren.

Die größte Schwierigkeit in unserer Kommunikation betrifft die Zeiten. Nie weiß ich ganz sicher, ob etwas schon passiert ist oder noch passieren wird. So sagte Mohammed beispielsweise: »Today I order juice for the party«, wobei nicht klar ist, ob er den Saft für das Fest schon bestellt hat oder noch es tun wird; beides würde er gleich ausdrücken. Einmal versuchte ich nachzuhaken und fragte: »Already?«, und seitdem ist dies sein Lieblingswort. Nun benutzt er »already« in jedem Satz; Sinn hin oder her.

In der Hierarchie steht der Fahrer an höchster Stelle. Wenn Hani keine Fahrdienste hat, hilft er beim Putzen und steht dann unter Mohammeds Pantoffel.

Beliebt sind die Gesprächsrunden in der Küche. Meistens nach einer Einladung, um zu analysieren, was gut ging und was besser werden kann. Alle wollen dabei sein. Einer holt mir einen Stuhl, einer fischt nach meiner Lesebrille, und ich bekomme ein Glas Wasser. Diese Momente genieße ich und das Team auch. Oft erzähle ich Anekdoten, ein Viertel auf Englisch, ein Viertel Tarzan-Arabisch, ein Viertel Pantomime und ein Viertel muss übersetzt werden. Aber es wird natürlich alles übersetzt: zum besseren Verständnis.

Weihnachtsvorbereitungen

Die Abende werden jetzt kühler, aber tagsüber reicht ein Jäckchen.

Am Sonntag geben wir eine Feier für das gesamte Botschaftspersonal. Es haben sich 70 Erwachsene und 40 Kinder angemeldet. Aus der Visaabteilung meldete sich ein netter Beamter freiwillig, um den Weihnachtsmann zu spielen. Stiefel hat er selbst, und das Kostüm wird von der deutschen Schule zur Verfügung gestellt. Nun war die Frage, wie er kommen soll. Am liebsten wäre uns ein Kamel gewesen. Um ein noch größeres Verkehrschaos zu vermeiden, dürfen Transporte auf die Nilinsel Zamalek nur nachts zwischen 20 Uhr und 5 Uhr morgens stattfinden. Das heißt, das Kamel hätte eine Nacht bei uns schlafen müssen. Also entschieden wir uns dagegen. Stattdessen kommt der Weihnachtsmann auf dem Motorrad. Den Sicherheitsbeamten gab ich Bescheid, damit sie ihn nicht aufhalten, gründlich untersuchen oder gar verhaften …

Das Fest war schön. Wir standen im Garten, einige mit frischem Mangosaft, andere mit Glühwein in der Hand. Und irgendwie waren es viel mehr Leute, als sich angemeldet hatten. Wir guckten in den Himmel und riefen gemeinsam den Weihnachtsmann. Plötzlich ging das Gartentor auf, und er bretterte auf seinem Motorrad hinein. Es gab ein großes Hallo. Dann wurde er von Michael ins Wohnzimmer geführt, wo der Weihnachtsmann auf einem Thron Platz nahm. Es wurden zwei Weihnachtslieder gesungen, und dann bekamen deutsche und ägyptische Kinder je ein Säckchen mit Leckereien geschenkt. Michael hielt eine Rede, um sich bei allen für die wirklich große Unterstützung seit unserer Ankunft zu bedanken. Danach ging es ans Büfett. Es war ein vollbeladener Tisch und … er war nach einer halben Stunde leer! Wer wollte, konnte draußen eine Shisha-Pfeife rauchen. Obwohl es frisch war, nahmen mehrere Leute das Angebot gerne an.

Im Nachhinein kommt von allen Seiten ein positives Echo. Das tut gut. Und im nächsten Jahr wird sich der Tisch noch mehr biegen.

2010
Kochen

Für mein Leben gern koche ich und lebe damit einen Teil meiner Kreativität aus. Am liebsten tanze ich dazu bei lateinamerikanischer Musik. Außerdem wage ich mich, auch für Gäste, an völlig neue Rezepte.

In Kairo haben wir Farag. Als ich ihm erzählte, dass ich auch gerne koche, ja, dass wir vier Familienmitglieder alle gerne und oft auch gemeinsam in der Küche stehen und schnippeln, brutzeln und erzählen, fand er das, wie schon erwähnt, gar nicht gut.

In der Residenz gibt es zwei Küchen. Die Restaurantküche ist für den offiziellen Teil. Die zweite befindet sich bei uns im ersten Stock und ist eine ganz normale Küchenzeile. Am Anfang musste ich mich daran gewöhnen, nicht einzukaufen, weil es sonst vieles doppelt gegeben hätte. Wenn ich oben etwas möchte, hole ich es mir unten ab. Für den Transport gibt es einen genialen Lift.

An einem normalen Wochentag kochen zu wollen, ist für mich ausgeschlossen. Farag wäre verletzt, und er soll ja auch etwas zu tun haben. Um selbst kochen zu können, passte ich also einen Freitag ab, als das ganze Personal frei hatte. Wir luden ein Ehepaar und einen weiteren Gast für abends ein. Ich holte einen großen, ganzen Fisch aus dem Gefrierschrank. Dann ging ich nach oben, um in der privaten Küche eine Crème Caramel vorzubereiten. Als ich gerade dabei war, den Zucker zu schmelzen, ging der Feueralarm los. Michael und ich mussten sofort aus dem Haus gehen, denn der Lärm war nicht auszuhalten.

Als nächstes galt es, die Jungs vom deutschen Sicherheitsdienst zu kontaktieren. Doch sie waren mit einem Besuch unterwegs zu den Pyramiden. Sie trafen nach einer Stunde Fahrt mit viel Stau ein und waren erleichtert, dass der Auslöser für den Alarm kein Feuer gewesen war. »Keine Panik«, witzelten sie, »Madame hat gekocht …« Sie gingen in die Botschaft und stellten mit einem geheimen Schlüssel in einer verborgenen Kammer das Gejaule aus. Der übersensible Brandmelder wurde vorübergehend zugeklebt. Irgendwann landete die fertige Crème Caramel ohne weitere Pannen im Kühlschrank. Ich ging in die untere Küche, um meinen Fisch abzuholen. Weg! Nach längerem Forschen fand ich ihn wieder: im Gefrierschrank! Mohammed war nochmals vorbeigekommen. Als er den Fisch gesehen hatte, rief er alle anderen vier Mitglieder des Personals an, um zu fragen, wie das sein konnte. Da ihm keiner etwas dazu sagen konnte, legte er den Fisch zurück in die Kälte, damit er bloß nicht auftaute. Am Ende wurde aber auch der Fisch gut, und wir hatten mit den Gästen gleich etwas zu lachen.

Ostern

Michael hatte aus München Schokoosterhasen für unser Personal mitgebracht. Ich konnte es mir nicht verkneifen, sie zu verstecken, anstatt sie jedem einfach in die Hand zu drücken. Ein Hase landete auf der Standuhr, ein zweiter hinter einem Sofakissen, der dritte hinter einem Vorhang, der vierte in der Riesenschnecke, die Michael aus Marmor geschlagen hat, und der letzte im Blumenarrangement. Ich wollte warten, bis das Personal vollständig anwesend war. Hani hatte aber schon angefangen zu putzen und fragte mich plötzlich, ob es denn in Deutschland üblich sei, zu Ostern Schokolade zu verstecken. Als ich bejahte, fragte er, ob ich denn für den Botschafter Schokolade versteckt hätte. Ich verneinte und er strahlte, als er zu dem Schluss kam, dass die Schokolade dann eigentlich nur für das Personal sein konnte … Ich bat ihn, noch nichts zu verraten. Wenig später sah ich, wie er in der Küche mit dem Koch ganz aufgeregt tuschelte! Wie ein kleiner Junge! Endlich waren alle anwesend. Ich erklärte, in welchen Räumen sie suchen durften. Mohammed hielt sich anfangs etwas zurück. Mir fiel ein, dass die 40 Tage Trauer nach dem Tod seines Vaters noch nicht vorbei waren. Dann warf er sein Staubtuch in die Ecke und machte doch begeistert mit. Wie kleine, ausgelassene Kinder sausten sie herum und juchzten, wenn sie einen Hasen fanden. So viel Freude!

Khamasin

Heute gab es ein Mittagessen für 24 Personen in der Residenz. Es war ein schöner Anlass: In der Deutschen Evangelischen Oberschule Kairo (DEO) werden zehn Jahre kooperativer Religionsunterricht gefeiert. Da der Garten zur Zeit wunderschön blüht, bot es sich an, draußen zu decken. Mohammed schaute schon gestern, wo der Schatten wann hinwandert und wir beschlossen, drei große runde Tische unter die Bäume zu stellen. Weiße Tischtücher, gestärkte Stoffservietten mit Bundesadler, Besteck, Salz und Pfeffer, Blumen und Gläser kamen auf die Tische. Für das Büfett wurde ein weiterer Tisch aufgebaut. Dazu noch ein etwas kleinerer für den Nachtisch: Apfelstrudel mit selbst gemachtem Eis. Außerdem gab es einen Tisch für die Bar. Darauf standen verschiedene Sorten frischer Säfte und die Espressomaschine. Unter der Tischdecke war die Eis-Box mit gekühlten Weißweinflaschen, und die Jungs hatten sogar das Gerät für die Trinkwasserflasche hinausgetragen und angeschlossen. Alles war fertig.

Eine leichte Brise zog auf. Ich empfand sie als recht angenehm, denn drinnen war die Klimaanlage ausgefallen. Von den Eukalyptusbäumen fielen trockene Blätter. Unaufgefordert harkten die Gärtner sie zusammen. Ein weiterer Windstoß und der gelblich gefärbte Himmel brachten mich dazu, an einen Plan B zu denken. Was, wenn das der erste Khamasintag war? Das ist für diese Jahreszeit eine ganz normale Wettererscheinung: trüber Himmel, Wind und leider auch viel Sand in der Luft. Mohammed begann, die Tische mit weiteren Tischdecken zu verhüllen. Die Gärtner kehrten wieder die Blätter zusammen. Ich rief den Hausmeister an. Er war mit einem Klimaanlageexperten dabei, die Ursache für den Ausfall festzustellen. 20 Minuten bevor die Gäste kamen, beschlossen wir, auf Nummer sicher zu gehen. Jeder packte mit an und innerhalb von 15 Minuten stand alles im großen Salon und das Büfett im Esszimmer. Für den Tisch im Eingangsbereich hatten wir in einen Korb ein Blumenbouquet gesteckt. Es sah sehr schön und natürlich aus. Ich hatte nur nicht gesehen, dass der innere Topf ein Loch hatte, aus dem das Wasser auf den Holztisch lief. Schnell holte jemand ein Tablett und schob es darunter. Drinnen fand ich es furchtbar stickig, aber kein anderer ließ sich etwas anmerken. Nur Mohammed standen die Schweißperlen auf der Stirn. Die Gäste standen vor der Tür. Sie wurden mit den frischen Säften begrüßt und die Küche war nach kurzer Zeit so weit, dass wir das Büfett eröffnen konnten. Die Gäste schienen zufrieden, die Gespräche waren angeregt. Draußen tobte der Sandsturm. Als nach zwei Stunden alle gegangen waren, gingen Michael und ich in die Küche, um den Kellnern für den Khamasin-Extraeinsatz zu danken. Da sahen wir, dass dort »Land unter« war! Durch den Abfluss im Boden drückte jede Menge stinkendes Wasser nach oben. Eigentlich hatten wir schon mal einiges für zwei weitere offizielle Essen, die morgen stattfinden sollten, vorbereiten wollen. Das wurde auf morgen früh vertagt. Wir sind flexibel.

Das Insektenbild

Zur offiziellen Ausstattung der Residenz gehört auch eine gewisse Auswahl an Bildern. Wir entscheiden, welche überhaupt hängen dürfen, und wo. Ein bestimmtes Bild – Blumen, bunt und modern – passte farblich ganz gut in den Eingangsbereich. Eines Abends im Dezember hatten wir einige Leute zum Essen eingeladen. Ein ägyptischer Gast kam in Begleitung seiner deutschen Ehefrau. Diese war vor unserer Zeit schon öfter in die Residenz eingeladen worden. Sie kannte sich gut aus und sagte mir sogar, durch welche Tür »normalerweise« das Esszimmer betreten wird.

Diese Dame stand nun vor dem Blumenbild und entdeckte eine kleine tote Motte im Passepartout. Ich nahm mir vor, sehr bald etwas daran zu ändern. Am nächsten Tag hing das Bild aber noch unverändert im Eingangsbereich und die Motte saß, tot wie sie war, am selben Platz. Da fand aber schon die nächste Einladung statt: Die deutschen hier ansässigen Senioren kamen zu mir zum alljährlichen Adventskaffee. Darunter, oh Schreck, auch die Dame vom Vortag. Sie platzierte sich neben das Bild und zeigte allen Gästen die tote Motte. Tief atmen tut gut.

Einen Tag später wurde das Bild abgehängt und zum Rahmen gebracht. Für mich eine eigentlich simple Sache: Rahmen auf, Motte raus, Rahmen zu. Das ist aber zu naiv gedacht. Erst passierte mehrere Tage nichts, also fragte ich nach. Auch das ist immer so eine Sache, die erklärt werden will, denn ich darf nicht direkt nachfragen. Ich frage Michael, Michael spricht mit der Verwaltung, die Verwaltung spricht mit der Person, die das Bild weggebracht hat, und diese wiederum mit dem Menschen im Rahmenladen. Die Antwort kommt auf demselben Weg zurück. Doch bis ich sie habe, sind wieder drei Tage vergangen, und es ist entweder Freitag und der Laden hat zu, oder es ist Sonntag und der Besitzer des Rahmenladens ist Kopte und hat zu. Irgendwann erfahre ich, dass es so einen Rahmen in Kairo nicht gibt. Ich kommuniziere (auf demselben Weg wie: siehe oben), dass ich keinen anderen Rahmen brauche, dass er denselben nehmen kann und soll. Es folgt die umständliche Frage, ob der Altsilber-Look gewollt ist oder poliert werden soll …

Kleine Abkürzung: Das Bild hängt, die Motte ist draußen und der Rahmen stimmt.

Doch heute Morgen stand ich in der Nähe des Bildes und traute meinen Augen nicht: Da, wo vorher die Motte war, ist jetzt eine kleine tote Spinne. Allerdings konnte ich den Hausmeister dazu überreden, die Spinne mit »meiner« Methode zu entfernen.

Der Nadi

Nadi heißt Klub, und wir haben das große Glück, einen solchen Sportklub ganz in unserer Nähe zu haben. Wir sind zu Fuß in fünf Minuten da.

Der Gezira-Klub existiert seit vielen, vielen Jahren. Die meisten Mitglieder sagen, sie seien hineingeboren worden. Schon ihre Eltern und Großeltern waren Mitglied und manche von ihnen sitzen im Schatten der großen Bäume und trauern den alten Zeiten nach. Auch der Klub selbst trauert. Man kann den ursprünglichen Stil noch gut erkennen und findet überall eine Art heruntergekommenen Charme.

Man kann zum Beispiel joggen. Dafür gibt es zwei Bahnen: eine ältere mit beschädigtem Belag, auf der man aber gut ohne Zuschauer seine Runden drehen kann. Und eine neue mit gutem, weichem Belag, an der aber etliche Menschen Kaffee trinkend vom Restaurant aus zugucken und alles kommentieren. Auf der Piste selbst ist alles anzutreffen: gepflegte, schlendernde Damen mit Turban, großer Sonnenbrille und Handy, ältere Herren in Gruppen von vier oder sechs Personen, die nebeneinander spazieren und politische Themen wälzen, mehr oder weniger fitte Jogger jeden Alters. Manchmal treffe ich auch eine junge Frau an, die in einem langen schwarzen Umhang, mit Kopftuch und Gesichtsschleier, tollen Markenschuhen an den Füßen, schnellen Schrittes und Koran lesend die Bahn abläuft.

Je nach Stimmung entscheide ich, wo ich laufen möchte. Am allerliebsten ist mir eine dritte Option: die Pferderennbahn. Zwei Kilometer, grasbewachsen. Das hört sich schön an, ist es aber nur bedingt. Denn überall liegt Müll, und die Strecke wird häufig so stark bewässert, dass sie gar nicht abgelaufen werden kann. Wann immer es geht, laufe ich da, allein schon wegen der Abwechslung. Denn das Grün tut im ansonsten graubraunen Kairo dem Auge gut.

Neulich kehrte ich genauso vom Joggen nach Hause zurück, wie man nicht so gerne gesehen werden möchte: völlig verschwitzt und hochrot im Gesicht. Ich ging von hinten zur Residenz, um nicht an den wartenden Menschen vor den Visaschaltern vorbei zu müssen. Da sah ich einen neuen Sicherheitsbeamten. Er hatte Dienst vor dem Eingang zur Residenz und war derjenige, der mir die Tür aufsperren sollte. Ich fragte: »Können Sie bitte aufschließen?« Er fragte: »Warum?« »Weil ich hier wohne!« Da brach er in lautes Gelächter aus und drehte sich weg. Just in dem Augenblick näherte sich der Wagen des Honorarkonsuls. Seine Frau und deren Freundin saßen mit im Auto. Ich rannte zur anderen Tür und hoffte, so schnell wie möglich dahinter verschwinden zu können. Ich war alles andere als präsentabel. »Lassen Sie mich bitte rein!« zischte ich dem zweiten Sicherheitsbeamten zu. »Selbstverständlich, sofort!« Er rief quer über die Straße den neuen Kollegen auf Arabisch an: »Mohammed! Aufsperren!« Mohammed: »Wieso denn?« »Es ist die Frau des Botschafters!« »Wer? Die?« »Ja, Mann!!« Mohammed sperrte auf und wollte im Erdboden versinken. Genau wie ich, denn jetzt waren auch die Wageninsassen bei der Tür angekommen: »Na, lässt man Sie nicht rein? Das können Sie ihm nicht übel nehmen, so kann Sie ja auch kein Mensch erkennen!« Daraufhin überlegte ich, ob ich den Sicherheitsbeamten in eine Kröte verwandeln oder ihn wenigstens feuern sollte. Dann ließ ich es doch auf sich beruhen. Schließlich erinnerte er sich jedes Mal, wenn er mich sah, an den Vorfall und sein unangemessenes Benehmen. Ich fand, das war Strafe genug.

Yoga im Nadi

Sonntags und dienstags von 17.30 bis 19 Uhr gibt es Yoga. Leider kann ich oft nicht dabei sein, weil ich mich gerade zu dieser Zeit auf in- oder auswärtigen Einladungen vorbereite. Der Lehrer ist Inder und nennt sich Dr. Shams, also Dr. Sonne. Sein Unterricht findet im Freien statt und die Matten werden in einem großen Kreis auf dem Rasen platziert. Dort befinden sich einige Palmen, ein Mangobaum, mehrere alte Eukalyptusbäume und Jasminbüsche. Dr. Shams beginnt und beendet seinen Unterricht immer mit denselben Übungen. Es ist wie ein Ritual und hat etwas Beruhigendes. Dazwischen arbeitet er thematisch für den Rücken, die Beine usw. Zu dieser Uhrzeit geht die Sonne unter, und es ist herrlich, die Farbveränderungen zu sehen. Langsam gehen um uns herum die Lichter an. Von den etwas weiter entfernt liegenden Tennisplätzen sind die Bälle zu hören: plopp, plopp, plopp. Vögel suchen ihre Schlafbäume, Schwalben fangen unterwegs noch ein paar Insekten. Gestern saß auf einem Laternenpfahl genau über mir, ganz entspannt, eine Nebelkrähe. Na ja, zum Glück nicht »zuuu« entspannt. Wenn es fast ganz dunkel ist, ruft der Muezzin. Sein Gesang und das Echo erklingen harmonisch von allen Seiten. Eine Yogaschülerin dreht ihre Matte gen Mekka. Sie betet. Erstaunlich, wie ihre Bewegungen dem Sonnengruß im Yoga ähneln.

Mosesberg

Wir sind mit sechs Münchner Gästen zum Berg Moses gefahren. Es begann mit einer sechsstündigen Fahrt nach St. Catherine auf der Sinai-Halbinsel. Wir checkten in einem kleinen Hotel ein und schliefen nach dem Abendessen ein paar Stunden. Um 2.30 Uhr morgens wurden wir geweckt, denn so früh begann der Aufstieg auf den Berg, um rechtzeitig zum Sonnenaufgang oben zu sein. Es war Vollmond. Wir liefen los. Gleichzeitig mit uns stiegen zahlreiche andere Touristen aus aller Welt hoch. Jedes Alter, jedes Schuhwerk war vertreten. Manche Gruppen sangen. Viel zu früh oben angekommen, saßen wir in Decken gehüllt und warteten auf den Sonnenaufgang. Trotz Dunst ein lohnendes Schauspiel. Nach dem Abstieg besuchten wir das Kloster und ließen uns von den dort ansässigen griechischen Mönchen die eindrucksvollen Ikonen zeigen.

Weiter ging es nach Dahab, wo wir zwei wunderbar erholsame Tage am Strand verbrachten, mit viel Schnorcheln, Lesen und Genießen.

Tische rücken

Heute bietet das Hotel in Dahab etwas Besonderes: ein Dinner direkt am Meeresufer. Es sind kleine Zweiertische entzückend gedeckt. Für uns wurden vier solcher kleinen Tische aneinandergereiht. Stofftischdecken und Servietten in Weinrot, Kerzen und Blumen. In der Nähe wurde sogar eine kleine Bühne aufgebaut. Der Alleinunterhalter lässt Melodien vom Laptop abspielen und singt dazu. Gar nicht schlecht. Es soll ein fünfgängiges Menü kommen. Was aber zuerst kommt, ist eine vorwitzige Welle, die die Beine von unserem ersten Tischlein umspült. Ein Kellner hält die Teller in der Hand, zwei andere packen Tisch und Stühle und rücken sie an das obere Ende der Tischreihe. Kaum ist der erste Gang gegessen, kommt das Wasser wieder näher, und der nächste Tisch muss an das andere Ende wandern. Dem Hotel ist es peinlich, doch wir freuen uns über die immer wieder neue Tischordnung. Der Wechsel wird immer rasanter, und bald sitzen wir wieder in der Ausgangsreihenfolge. Die Kellner beteuern, dass das noch »nieeee« so war. Wir haben den Verdacht, dass sie noch »nieeee« vorher ein Abendessen direkt am Meer angeboten haben. Zum Nachtisch stehen unsere vier Tischlein direkt auf der Bühne neben dem Alleinunterhalter.

Siwa

Zurück in Kairo wurden von unseren Gästen aus München die drei Jugendlichen der Familie ins Flugzeug gesetzt, und wir fuhren mit dem Ehepaar in die Wüste. Zunächst mit dem eigenen Wagen in die Oase Bahariyya. Von dort ging es mit großem Jeep und Beduinenführer in die Oase Siwa. Zum Teil waren es gute Straßen, zum Teil schlechte, zum Teil einfach nur Sandpisten und Dünen. Über acht Stunden lang dauerte die Fahrt. Siwa ist magisch. Es steht dort der Orakelberg, von dem Alexander der Große erfuhr, dass er Pharao der Ägypter werden durfte. Die Altstadt besteht aus zerfallenen Lehmhäusern. Ein paar wenige werden restauriert, so auch unser Hotel. Sehr einfach, sehr ökologisch und harmonisch. Jeden Tag fuhren wir mit Tamer, dem Beduinen, in der Gegend herum. Irgendwo gibt es mitten im Sand ein rundes, mit Zement ausgegossenes Loch, in dem man heiß baden kann.

Wenige Kilometer weiter kann man in einem kühlen, von Schilf umgebenen See baden. Einfach herrlich!

Faszinierend fanden wir die Straßenbilder. Männer mit Turban und langen weißen Galabijas. Unendlich viele Eselskarren sind mit Gemüse beladen oder voller niedlicher Schulkinder oder dienen als Taxi. Die Frauen gehen völlig verhüllt. Ein großes, meist blau-weiß gestreiftes Tuch über Kopf, Schultern und Körper. Vor dem Gesicht ein schwarzes Tuch.

Nach drei ausgefüllten Tagen fuhren wir zurück. Diesmal im Konvoy mit zwei anderen Jeeps. Das eine Auto gab nach 35 Kilometern den Geist auf. Dessen Insassen, französische Touristen, stiegen mit in den zweiten Jeep. Der hatte nach halber Strecke einen Platten. Die Schrauben waren so verrostet, dass es fast eine Stunde dauerte, bis der Reifen gewechselt wurde. Außerdem war überraschend der Sommer ausgebrochen. Es waren über 40 Grad. Eine Hitze, als wenn man eine Backofentür öffnet. Auf die Klimaanlage verzichteten wir, denn sie reichte nur für den Fahrer und den Kopilot. Nach zehn Stunden kamen wir glücklich wieder in Bahariyya an. Nach einer erholsamen Nacht fuhren wir am nächsten Morgen wieder mit dem eigenen Wagen nach Kairo.

Tische rücken – Klappe: die zweite

Gesetztes Essen für 19 Personen. Zehn auf einer Seite, neun auf der anderen. Der Tisch sieht wunderschön aus: silberne Platzteller und Stoffservietten, edle Gläser und Besteck, Blumengesteck in zartem Himmelblau, passende Kerzen. Tischkarten sowie die Sitzordnung sollten noch vom Sekretariat der Botschaft vorbeigebracht werden. Da fällt mir auf, dass auf der Tischseite mit den zehn Stühlen der letzte Stuhl mit zwei Beinen auf dem Teppich und mit den beiden anderen auf dem Parkett steht. Wenn man drauf sitzt, wackelt er. Das geht nicht, aber was tun? Der Tisch ist auf fünf Meter ausgezogen. Ich hole Mohammed. Wie so oft, kommen Hani und Hala automatisch mit. Hala fängt an, die Teller etwas an das andere Ende zu rücken und sieht schnell ein, dass es so auch nicht geht. Hani meint: »Ganz einfach, wir warten, bis die Gäste kommen und alle packen kurz an.« Mohammed sagt: »Wir ignorieren es und korrigieren es morgen«, doch Hala findet: »Das packen wir doch selbst – vor allem jetzt, wo die Tischkarten noch nicht drauf sind!« Schließlich kommen noch Farag und Ahmed dazu. Auf eins, zwei, drei heben wir den riesigen gedeckten Tisch an und stellen ihn zentriert auf den Teppich. Das hebt den Teamgeist.

Ein ganz normaler Samstag

Gestern habe ich mich nach dem Frühstück mit Hani und Mohammed zusammengesetzt, weil wir den Vorabend besprechen mussten. Da hatten wir zwölf Personen zum Abendessen eingeladen, und der Service war nicht gut gelaufen. Alle Gäste waren gleichzeitig angekommen und anscheinend hatte das mein Personal etwas durcheinandergebracht. Wir hatten ein aufbauendes Gespräch mit dem Ziel, solche Fehler in Zukunft zu vermeiden. Die Bedienung muss fließender sein, und die Kellner brauchen eine bessere Absprache mit dem Koch. Damit meine Kritik nicht auf taube Ohren stößt, wende ich die Sandwich-Methode an: Zuerst erwähne ich etwas Positives, dann erkläre ich, was verbessert werden muss. Hierbei mache ich auch klar, dass es noch lange nicht heißt, wenn ich ein Verhalten nicht mag, dass ich sie als Personen nicht mag. Anschließend folgt ein weiteres Lob.

Nach dem Gespräch musste ich ein weiteres Missverständnis klären. Michael und ich hatten für 14 Uhr eine Einladung zum Grillen bei einem ägyptischen Ehepaar. Diese Einladung war erst einmal mündlich an mich herangetragen worden, weil ich die Ehefrau häufig im Klub treffe. Insofern meinte Michael, es sei eine Einladung »aus meinem Stall« und bestellte keinen offiziellen Fahrer. Die schriftliche Einladung mit Adresse und Plan war per Fax zwei Tage vorher in der Botschaft gelandet, weshalb ich sicher davon ausging, einen Fahrer zur Verfügung zu haben. Als wir aber endlich beide die Situation erfasst hatten, mussten wir schnell handeln. Denn Hani ist nicht sonderlich fit mit Stadtplänen und braucht etwas

Vorlauf, um sich den Weg beschreiben zu lassen. Seit dem Ministerbesuch türmten sich auf Michaels Schreibtisch die Akten, und er wäre lieber diesen Berg angegangen. Wie verlangt zogen wir uns »casual« an. Damit sind nicht, wie man meinen könnte, Jeans mit T-Shirt und Sandalen gemeint. Es heißt lediglich, dass die Herren ohne Krawatte gehen. Die Damen erscheinen im sportlich-eleganten Hosenanzug mit High Heels.

Zum Glück fand Hani die Adresse ohne allzu große Mühe. Das Ehepaar bewohnt während der Sommermonate ein Haus im kühleren, weil höher gelegenen Stadtteil Moqatam. Als wir ankamen, registrierten wir gleich: Wir sind richtig angezogen, wir sind – trotz Stau – keinesfalls zu spät, es sind viele andere Botschafter da, durchaus mit dienstlichem Wagen, und es ist eine streng muslimische Party, ergo kein Bier oder Wein. Ich nahm mir eine wodkafreie Bloody Mary. Alles andere waren Fruchtsäfte, herrlich frisch, aber leider stark gesüßt. Nach dem dritten Tomatensaft stieg ich auf Wasser um und fühlte mich eigentlich schon satt. Es ist hier, wie in vielen arabischen Ländern, üblich, dass der gemütliche Teil der Party vor dem Essen stattfindet. Nach dem Essen gehen alle Gäste wie auf Kommando, sobald der Kaffee serviert und getrunken ist.

Um 16.30 Uhr wurde zum Essen gerufen. Michael hatte, nach eigenen Angaben, schon drei Pfund Nüsse intus. Am Abend hatten wir eine weitere Veranstaltung. Diesmal zu einer Galafeier in einem ehemaligen Palast. Wir fuhren mit Hani nach Hause, um uns umzuziehen: Dresscode »formal«. Der Palast liegt in einem verwunschenen Park mit uralten Bäumen. Der Saal war orientalisch prächtig in Rot, Weiß und Gold geschmückt.

Überall Schnörkel und jede Menge Kalligrafie. Auf den Tabletts der Kellner vermisste ich Wasser. So nahm ich ein kleines Glas Erdbeersaft und war danach eigentlich schon wieder satt. Ich sah viele bekannte Gesichter und suchte vergeblich auf der Festplatte meines Gehirns nach den dazugehörenden Namen. Als alle saßen, wurden Reden gehalten und das Essen serviert. Die Menschen sprangen häufig von ihren Sitzen auf und liefen zu anderen Tischen, an denen wichtige Menschen saßen, die sie begrüßen wollten oder mussten. Zum Essen gab es zum Glück auch Wasser. Zisch!

Vor dem Nachtisch gab es ein Highlight: Es sang eine ehemalige Schülerin der deutschen Schule in Alexandria. Sie trug Lieder aus bekannten Musicals und Balladen vor und verzauberte alle mit ihrer natürlichen Schönheit, Jugend und ihrem kessen Ausdruck.

Danach kam der Nachtisch. Viel zu große Stücke Schokoladentorte, die kaum einer berührte. Viele verabschiedeten sich zügig und als an unserem Tisch alle VIPs Anstalten machten zu gehen, verzogen wir uns auch.

Straßenbild

In Kairo wuselt es zu jeder Uhrzeit. Das Gewusel besteht aus Autos, Bussen, Eselkarren, jeder Menge Fußgänger, Menschen auf Rollstühlen, Polizisten, Straßenkehrern, Kindern und alten Frauen, die Blumen, Kräuter oder Papiertaschentücher verkaufen. »Es gibt keinen Stau, du bist der Stau!« In diesem Sinne liefert jeder seinen eigenen Beitrag dazu. Es gibt Ampeln, aber nur wenige werden beachtet. Es ist jedoch ganz gut zu wissen, welche das sind. Die Autos sind häufig in einem sehr schlechten Zustand. Es gibt viele Taxen. Schicke gelbe, die man – angeblich telefonisch – vorbestellen kann, saubere, weiße Taxen mit unterschiedlich schnell laufendem Taxameter und alte, schwarze Klappertaxen, bei denen es empfehlenswert ist, den Wert für jede Strecke zu kennen, auszusteigen und dem Fahrer dann das genau abgezählte Geld durch das Fenster zu reichen. So vermeidet man Diskussionen um den Preis. Rückgeld hat sowieso niemand. Polizisten spielen eine große Rolle im Chaos. Falschparker (gibt es etwas anderes als Falschparker?) oder generell Autofahrer, die bei irgendeinem »Fehler«, den sowieso jeder macht, ertappt werden, müssen ihre Papiere vorweisen und dürfen erst nach Abgabe von Bakschisch weiterfahren. So verbessern Verkehrspolizisten ihren miserablen Lohn.

Viele Ausländer behaupten, es gäbe keine Verkehrsregeln. Das stimmt so nicht ganz. Es gibt ungeschriebene, uns unbekannte Regeln, die man trotzdem besser so schnell wie möglich lernt. Man achtet nur auf das, was genau links und rechts von einem ist und natürlich, was vor einem passiert. Damit hat man schon so viel zu tun, dass man nicht auch noch berücksichtigen kann, was hinter einem geschieht. Dafür ist ja auch der Autofahrer, der hinter einem fährt, selbst zuständig. Rechts vor links gibt es nicht. Von ganz rechts nach ganz links über alle Bahnen queren ist dagegen ortsüblich und angemessen. Fußgänger, die eine Gelegenheit abwarten, sicher die Straße zu überqueren, warten lange vergeblich auf eine Lücke. Erfahrene Fußgänger begleiten oft hilfsbereit verunsicherte Ausländer über die Straße. Als Autofahrer muss man abschätzen lernen, was gefährlicher ist: wegen Fußgängern zu bremsen oder trotz Fußgängern zu fahren. Es gibt manchmal Mütter, die mit Komplettschleier und drei kleinen Kindern ohne zu gucken auf die Fahrbahn kommen. Vollverschleiert sieht man sie oft auch am Steuer. Ich fahre selbst nur selten und auch nur mit einem lebendigen GPS auf dem Kopilotensitz.

Jeder hupt. Taxen hupen, um auf sich aufmerksam zu machen. Das tun sie auch, wenn sie besetzt sind. Es ist ein Reflex. Außerdem unterhält man sich durch Hupen. Es wird gemorst: pip pip pippipp = Du Vollidiot hast mir den Weg abgeschnitten; piiiiip pipppiip = selber Vollidiot, ich hab's halt eilig, usw.

Die Huperei fiel mir zuerst auf, als wir vor nun sieben Monaten hier ankamen. Ein paar Wochen später hatte ich das Gefühl, es würde plötzlich weniger gehupt. Das Ohr schaltet ab.

Am Anfang wollte ich auch am liebsten mit einem großen Schlauch und einem Riesentopf weißer Farbe durch die Stadt laufen und sie verschönern. Es gibt so viele prächtige Bauten, die grau und verfallen sind. (Wie früher in Madrid, Wien, Paris, Berlin ...) Jetzt betrachte ich sie nur liebevoll. An den Hochhäusern stehen unzählige Satellitenschüsseln und später hinzugefügte Klimaanlagen mit improvisierten Abflussrohren. Überall hängen Kabel wie Spinngewebe. Manch einer tut etwas für die Außenmauern, aber eben nur in seiner Wohnung. So kommen die unterschiedlichsten Farben, Balkone, Fensterrahmen, Jalousien und Fensterläden zusammen. Jeder dekoriert nach seinem Gusto. Es gibt viele unfertige vier- bis fünf-stöckige Häuser. Mir wurden zwei Gründe dafür genannt: 1) Sobald ein Haus fertig ist, muss man Steuern zahlen. 2) Man kann für die nächste Generation aufstocken. Auf den unfertigen Dächern türmen sich Bauschutt, Ziegel, Zementreste, Leitern, kaputtes Mobiliar und alte Waschmaschinen. Dazwischen hängt Wäsche, es spielen Kinder, rekeln sich Katzen, und es werden Hühner gezogen.

Nach circa drei Monaten Kairo reiste ich mal kurz nach Zürich. An einem ganz normalen Arbeitstag schlenderte ich bei ganz normalem Betrieb über die Bahnhofstraße und fühlte mich sehr einsam. Es war vergleichsweise »kein Mensch« unterwegs. Außerdem fiel mir auf, dass sich in den Boutiquen, im Gegensatz zu Kairo, niemand darüber freute, dass ich da war.

Kochkurs

Sunita, eine indische Freundin, war zu einem Kochkurs »Italienische Küche« eingeladen worden und wollte nicht alleine hingehen. Im Programm stand: Mittwoch 10.30 Uhr – Eintreffen im Restaurant »Windows of the World« des *Ramses Hilton*-Hotels, Frühstück, Kocherklärung und Vorführung durch Chef Dimitros, danach gemeinsames Mittagessen. Neuankömmlinge bekommen eine Schürze als Geschenk, alte Hasen sollen ihre Schürze bitte mitbringen. Ich sagte zu und war gespannt.

Mit Hani hatte ich am Vortag schon den Tagesplan besprochen. Unterwegs unterhielten wir uns angeregt in unserem nun schon gewohnten Kauderwelsch. Und als ich aussteigen wollte, stand ich vor dem falschen Hotel. Es war 10.30 Uhr. Früher hätte es mich sehr nervös gemacht, noch nicht vor Ort zu sein. Das *Ramses Hilton* ist ein etwas düsterer Hotelturm, der dringend eine Renovierung benötigt. Daher die kluge Idee mit dem Kochkurs. Während ich im Erdgeschoss nach dem Restaurant suchte, traf ich eine Bekannte, die diese Kurse regelmäßig besucht. Wir fuhren gemeinsam zum 36. Stock. Im Restaurant blieb mir fast die Luft weg: *Windows of the World* bietet eine Aussicht über den Nil, unsere Insel Zamalek und an diesem Tag bis hin zu den Pyramiden! Ich konnte mich nicht satt sehen. Immer wieder stellte ich mich ans Fenster und staunte. Es hatten sich circa zwölf Damen versammelt. Sie bedienten sich an einem Brötchenbüfett und bestellten Kaffee. Einige von ihnen kannte ich. Kairo ist eigentlich ein Dorf, man läuft sich immer wieder über den Weg. Dann wurden mir eine Mappe mit den Rezepten des Tages und eine schwarze Profischürze übergeben.

Dimitros machte eine Kochvorführung wie für das Fernsehen: Tortellini, Gnocchi alla romana, Ossobuco und Panna cotta. Wer wollte, stand auf und guckte von der Nähe aus in die Töpfe, rührte einmal mit und schnupperte. Hatte diejenige eine schwarze Schürze an, wurde sie auch beim Schnuppern fotografiert. Immer wieder trafen neue Damen ein, die sich auch angemeldet hatten. Am Ende waren wir etwa 25. Die Stimmung war gut. Der Cappuccino auch. Der Blick aus dem Fenster war so faszinierend, dass ich vom Kurs selbst nur wenig mitbekam. Ich lernte ein paar nette Frauen kennen, und wir lachten viel. Dann wurde das vorgeführte Menü aufgetischt – zum Glück in Mengen, die zu bewältigen waren. Danach demonstrierte Dimitros, wie man Obst und Gemüse schnitzt. Er machte Blumen aus Tomaten, Gurken und Möhren. Anschließend wurden wir alle gebeten, unsere Schürzen anzuziehen und für das gemeinsame Foto anzutreten. Hinten standen Dimitros und die Hilfsköche, dann wurden wir in verschiedenen Reihen hintereinander platziert. Ganz vorne gab es eine Reihe Stühle. Die Frauen, die da Platz fanden, mussten für das Foto Teller mit den Show-Gerichten oder mit geschnitztem Gemüse halten. Ich stand zum Glück hinten. Bevor ich nach Hause ging, füllte ich einen Bewertungszettel aus: alle 10 Punkte.

Das Dorf Kairo

Kairo hat circa 20 Millionen Einwohner. Nach einem halben Jahr kennen wir sehr viele Gesichter. Bei vielen dämmert auch langsam der Name dazu. Man trifft sich immer wieder, vor allem dank der Nationalfeiertage. Anfangs waren wir froh, in der Menschenmenge einen Bekannten wiederzuerkennen. Das ist inzwischen kein Thema mehr. Es ist eher schwierig, an so einem Abend von A nach B zu gelangen, ohne unterwegs in mehr oder weniger tiefe Gespräche verwickelt zu werden. Ich erfuhr, dass der venezolanische Botschafter seit über neun Jahren im Lande ist. Da ich in dem Land geboren und aufgewachsen bin, wollte ich ihn gerne kennenlernen. Am argentinischen Nationalfeiertag hörte ich, dass er auch irgendwo im eleganten Saal des *Marriott*-Hotels sein musste. So beschloss ich, ihn zu suchen. Drei Bekannte wollten helfen. Jeder zückte ein Handy und rief Botschafter Victor an. Schließlich kam er quer durch den Raum, ich stellte mich vor und wir tauschten Telefonnummern aus.

Zu den schillerndsten Figuren dieses Parketts zählte Inés aus Kolumbien.

Botschafter Victor lud Inés und mich zum Mittagessen in ein thailändisches Restaurant ein. Wir kamen alle drei pünktlich an. Das ist nicht selbstverständlich, wenn der Kairoer Dauerstau und die sprichwörtliche Latino-Unpünktlichkeit aufeinander treffen. Kaum betraten wir das Lokal, sah ich auch Sunita mit ihrer besten Freundin gleich am ersten Tisch sitzen. Es gab ein großes Hallo. Das Lokal ist eher übersichtlich groß. Am größten Tisch erkannte ich drei Gesichter aus unserer Botschaft und einige Gesichter aus der deutschen Community. Diskretes Winken. Wir setzten uns an einen Vierertisch. Victor hatte seinen eigenen Wein mitgebracht und ließ einschenken. Da kam Mexikos Botschafterin in den Raum und setzte sich kurz zu uns, bis ihr Gast kam: die Ehefrau eines Ministers, die gut Deutsch spricht und mich begrüßte, als müsste ich sie kennen. Die beiden begaben sich an ihren eigenen Tisch … Wir bestellten das Essen und unterhielten uns prächtig. Immer wieder wurde die Konversation jedoch unterbrochen, weil Inés jemanden entdeckte, den sie kannte: den Botschafter aus Singapur, eine berühmte Innenarchitektin, die Journalistin einer Klatschzeitschrift.

Nach dem Kaffee rief jeder von uns per Handy seinen Fahrer. Unterwegs zur Tür blieben wir noch an einem Tisch stehen. Inés stellte mir eine italienische Freundin vor. Kaum war ich zu Hause angekommen, rief mich Michael an: »Du wurdest mit einem gut aussehenden Mann gesehen!«

Katzen

Es ist eine Katzenbotschaft«, berichtete Michael, als er vor nun fast einem Jahr von der Wohnungsbesichtigungsreise zurückkam. »Warst du nicht mal allergisch?«, fragte er, in der Hoffnung, gleich vor Antritt einen guten Grund gegen Katzen im Ärmel zu haben. Aber das bisschen Niesen in seltenen, katzenintensiven Wohnzimmern zieht nicht, denn die Katzen, um die es geht, halten sich nur draußen und vor allem vor der Kanzlei auf.

Als wir in den ersten zwei Wochen noch im Hotel wohnten, ging Michael täglich früh ins Büro, und ich ging entweder gleich mit oder folgte etwas später. Eines Tages ließen wir uns zum ersten Mal zu Mittag bekochen. Das Personal wollte Eindruck schinden und hatte am runden Rattantisch im Garten gedeckt. Wir saßen vor einer köstlichen leichten Gemüsesuppe. Da kamen von überall Katzen her. Insgesamt 14! Sie saßen, hemmungslos miauend, um uns herum. Hani kramte aus einem Schrank ein Paket mit Katzentrockenfutter hervor und lockte die Truppe um die Ecke. Das hielt eine halbe Minute an. Dann kamen sie zurück und setzten sich wieder um uns herum. Ein wenig näher. Als eine beherzt und ohne Anlauf mitten auf dem Tisch landete und sich direkt über die Suppenterrine hermachte, machte ich eine reflexartige Bewegung. Im hohen Bogen landete die Katze elegant auf dem Boden. Ich mag Katzen, aber nicht in meiner Suppe. Wir verboten das Füttern der Tiere in der Residenz.

In der Kanzlei werden die Katzen gut versorgt. Michael behauptet, sie bekämen drei warme Mahlzeiten am Tag. Eine kleine, standhafte Gruppe alleinstehender Damen aus der Botschaft kümmert sich um die Tiere. Jeden Donnerstag ist Kastriertag. Es gibt sogar einen besonderen Käfig. Als man mir das erzählte, war für eine Minute meine Fantasie mit mir durchgegangen. Ein Kastrierkäfig! Mit kleiner, eingebauter Guillotine? Aber nein! Es geht gar nicht um die Kater. Die Katzen werden donnerstags zwecks OP in dem Käfig zum Tierarzt gebracht. Es darf nur einen Kater im Klub geben. Der darf auch nicht kastriert sein, denn er muss ja seinen Harem verteidigen.

Die Botschaftsangehörigen sind in zwei Gruppen geteilt: Katzenfans und Antikatzenfreaks. Michael gehört zu letzteren. Er möchte aber die Katzenliebhaberinnen nicht verletzen und verkündet seinen Unmut (noch!) mit kleinen Bemerkungen wie: »Wenn sie wenigstens Ratten fangen würden! Aber sie sind ja so vollgefressen, dass sie, wenn sie eine Ratte sähen, höchstens rülpsen könnten!«

In der Residenz können wir die großen Glastüren zur Terrasse keine fünf Minuten offenlassen. Es sind sofort Katzen drin. Mehrmals markierten sie in unserem Wohnzimmer ihr Gelände, und einmal waren zwei von ihnen bis in die Küche gelangt und hingen glücklich über unserem Abendessen.

Wenn sie sich in ihrem eigenen Umfeld bewegen, beobachten wir sie ganz gerne. Eine graue Katze, von der die Botschaftsdamen behaupten, sie gehöre zur Residenz, hält sich oft in unserem Garten auf. Da gibt es viele Wiedehopfe. Einer ist ein wenig scheu und pickt oft, ganz in unserer Nähe, im Rasen herum. Die graue Katze probiert dann, sich in einen Teppich zu verwandeln und macht sich ganz platt. Selbst die Ohren legt sie soweit es geht auf die Kopfseiten. So robbt sie sich ganz langsam und unbemerkt heran. Na ja, nicht ganz unbemerkt. Der Wiedehopf fliegt weg, und sie tut alsdann, als hätte er sie sowieso nie im Geringsten interessiert.

Eine weiße Katze hat sich wohl jeden Donnerstag gut versteckt. Jedenfalls lief sie hochträchtig auf unserer Terrasse herum. Eines Tages hatten wir einen Sack voll Katzen. In einer großen Plastiktüte hatte sie fünf Junge zur Welt gebracht. Die sind inzwischen pubertär und werden an der Botschaft gut gefüttert.

Die Hochzeit

Wartet nur, bis ihr zu einer ägyptischen Hochzeit eingeladen werdet«, sagte ein innerdiplomatisches Frühwarnsystem. Die Reichen und Schönen schmücken ihre Tische gerne mit Botschaftern und Ministern. Daran wird zum Teil auch der Erfolg eines Festes gemessen. Und eines schönen Tages im Mai schneite eine Hochzeitseinladung ins Haus. Der 24-jährige Sohn von Zeinab, mit der ich manchmal im Klub jogge, heiratete eine 22-jährige Schönheit.

Michael war durch das Frühwarnsystem so beeindruckt, dass er beschloss, nicht abkömmlich zu sein und just an dem Tag ein politisches Symposium in der Residenz zu organisieren. Unsere Tochter Marisol war aber zu Besuch in Kairo, und wir sagten zu zweit zu. Inzwischen hatte ich erfahren, dass 1.500 Gäste erwartet würden. Ein paar kannte ich. Eine wusste sogar, dass wir am selben Tisch sitzen würden. Auf der Einladungskarte stand Beginn 21 Uhr, aber wohlinformierte Quellen meinten, vor 22 Uhr brauche man nicht zu erscheinen. Vor der Abfahrt aßen Marisol und ich genussvoll und prophylaktisch einen kleinen Teller Pasta. Hani fuhr uns zum Hotel *Semiramis.* Wir trafen gleichzeitig mit anderen Diplomaten ein und wurden in einen riesigen Saal geführt. Alles war üppig mit Lichterketten dekoriert. Die Stühle waren mit einem kostbaren Stoff überzogen, dessen Muster sich in den Servietten wiederholte. Mit zehn anderen, hauptsächlich Diplomaten, füllten wir einen runden Tisch. Es wurden frische, leider zuckersüße Säfte gebracht. Dazu wurden Teller mit kleinen Vorspeisen auf dem Tisch platziert. Crevetten, Foie gras, Käse, alles vom Feinsten. Unsere Freundin Lola, die von Säften nichts hält, bestellte sich einen Scotch und Wein für alle am Tisch. Die Bar war diskret um die Ecke platziert worden. Es durfte wohl getrunken werden, aber bitte nicht zu offensichtlich. Dann unterhielt man sich und guckte mehr oder weniger verstohlen auf die Uhr, denn die Brautleute waren noch nicht anwesend. Das sei aber normal so. Im Raum schwebte eine Videokamera auf einem Kran, zwei Kameraleute kämpften um die Berühmtheiten. Auf zwei großen Leinwänden konnte man sehen, wen man erkannte.

Dann war es 23.30 Uhr, und das Brautpaar trat hinter einem Vorhang hervor auf die Bühne. Ab dem Moment konnte man sich nicht mehr unterhalten. Eine laute Trommel und eine Dudelband spielten wilde Töne. Dann erschien auch ein Sänger. Ich ließ mir sagen, dass der Erfolg einer Hochzeit auch an der Berühmtheit des Sängers gemessen wird. Wir waren unfähig, irgendetwas zu messen. Es war unbeschreiblich laut. Einige ägyptische Damen stopften sich Papiertaschentücher in die Ohren. Der Hauptgang war noch nicht serviert worden. In Zeichensprache verständigten wir uns und verließen Saal und Fest. Auf der Leinwand zeigte die Schwebekamera Details des kostbaren Brautkleides. Ein Familienmitglied erwischte uns an der Treppe und sagte, wir würden die beste Bauchtänzerin Ägyptens verpassen und ein wenig später würde er sogar lateinamerikanische Musik auflegen lassen. Um 2 Uhr dann sollte das Büfett eröffnet werden. Lola tuschelte unterwegs zum Auto: »Man sollte eigentlich dafür sorgen, dass man beim Hinausgehen lieber nicht erwischt wird.«

Sar

Sar« – eigentlich Zar geschrieben, aber mit »S« ausgesprochen – ist ein uraltes Heilungsritual, bei dem Frauen die Hauptrolle spielen. Sar ist eine Tradition, die in verschiedenen Ländern am Nil ihre Wurzeln hat. Ziel der Musik ist es, das Innenleben der Teilnehmer zu harmonisieren und die Geister milde zu stimmen. Es ist auch ein Energie-Reinigungsritual und wird oft fälschlicherweise als Exorzismus abgetan. Frauen können die von der Gesellschaft auferlegten Einengungen durch Tanz und Gesang ablegen. Alles, was ihre Bewegung, Bekleidung und sogar ihre Träume eingrenzt, findet in Sar Ausdruck.

An einem Ort namens Makan, was übersetzt genau »Ort« bedeutet, kann man mittwochs Sarmusik erleben. Makan ist ein Raum in einer ehemaligen Druckerei, der exakt so wie er ist, auch im Prenzlauer Berg in Berlin sein könnte. Hier bewegt sich ein gemischtes Publikum: Touristen, Menschen aus Film und Kultur und die alternative Jugendszene. Da meine Töchter und ich nicht wussten, was uns erwartete, waren wir mit unseren hohen Absätzen und schwarzen Hosen definitiv »overdressed«. Jeans, indische Blusen und Sandalen wären passender gewesen. Aber es störte sich keiner daran. Alte, rote Teppiche lagen auf dem Boden. Im Kreis waren in der ersten Reihe dicke Sitzkissen verteilt und dahinter Klappstühle. Die Wände waren nur zum Teil waldgrün gestrichen, sonst hatte man den alten Putz belassen. Kurioserweise hingen ganz hoch oben, wo niemand ohne eine lange Leiter hinkäme, Regale mit Schallplatten und Büchern.

Wir bezahlten umgerechnet drei Euro Eintritt. Wer

wollte, bekam Schwarz- oder Hibiskus-Tee. Es ging pünktlich los. Ein ägyptischer Musiker saß neben uns und erklärte, dass Sarmusik nicht gelernt werden kann. Man müsse hineinwachsen. Deswegen gibt es immer weniger, die sie beherrschen. In Kairo seien es noch 25. Viele Musiker hätten schon probiert, die Rhythmen zu kopieren und seien bisher gescheitert.

Die Musikertruppe betrat den Raum. Drei Frauen zwischen 60 und 80 und vier Männer, die nur wenig jünger schienen. Alle waren barfuß. Zuerst spielte ein Mann auf seiner Flöte. Nach und nach stimmten alle anderen Musiker ein, hauptsächlich mit unterschiedlich großen Tamburinen. Die jüngste der Frauen stand auf und tanzte. Dazu klapperte sie rhythmisch mit Metallkastagnetten. Das Trommeln, Flöten und Tanzen änderte sich im Takt, wurde immer wilder. Ich konnte verstehen, was der ägyptische Musiker uns vorher erklärt hatte. Außerdem hatte ich das Gefühl, dass ich, wenn ich dazu tanzen würde, mühelos in Trance fallen könnte! Wir erlebten diese Welt zwei volle Stunden lang. Eine ältere Frau aus der Truppe sang und machte dabei winzige Hand- und Schulterbewegungen, dabei hob sie manchmal einen leichten Schleier vor das Gesicht und kokettierte darüber mit dunklen, ausdrucksvollen Augen. Sie war weit über 70, trug eine formlose Gallabiya, war relativ rund und doch unwahrscheinlich erotisch.

Dann traten zwei dicke Männer auf. Sie trugen breite Gürtel um die Hüften, an die kleine Ziegenhufe und Schellen angeheftet waren. Die Gürtel waren bestimmt sehr schwer. Ursprünglich seien sie benutzt worden, um während des Ramadan die Menschen rechtzeitig vor Sonnenaufgang zu wecken. Die Männer schwangen die

Hüften und ließen es klappern, klingeln und scheppern. Beide waren hochkonzentriert. Wieder trommelten die Frauen dazu, änderten den Rhythmus, wurden immer wilder und wilder und stoppten dann abrupt. Wir waren beglückt und voller innerer Ruhe. Ein guter Ort – Makan!

Mehr Musik

Unsere Tochter Marisol ließ uns wissen, dass sie den Sommer in Kairo verbringen wollte. Da es dabei um zweieinhalb Monate ging, schlug ich vor, sie solle jemanden mitbringen. Das ließ sie sich nicht zweimal sagen und lud ihre Maastrichter Band »The Serious Beans Project« ein, mit nach Kairo zu kommen. Die Gruppe besteht aus sechs Musikern, die allesamt Studenten aus verschiedenen europäischen Ländern sind. Neben Marisol, die Trompete spielt, gibt es Simon aus Belgien an der Gitarre; Juanito, halb Spanier, halb Niederländer, auch Gitarre; Marie-Florence aus der Schweiz mit Geige; Rogerio aus Portugal, zuständig für Rhythmus und Percussion und Valeria aus Italien, die singt. Die »Beans« waren sofort begeistert. Sie fanden einen günstigen Hinflug für 30 Euro von Brüssel nach Tel Aviv. Von da schlugen sie sich mit dem Bus nach Kairo durch. Der Sicherheitsdienst an der Tür der Residenz wusste Bescheid und ließ die bunte, sehr müde und etwas abgerissen wirkende Gruppe rein. Im unteren Stockwerk wurden im sogenannten Damensalon die Instrumente gelagert. Zum Glück war die ganz große Hitzewelle vorbei, und sie konnten sich in den kleinen Gästezimmern nach Wunsch ausbreiten. Sie hatten die vergangene Nacht am Strand verbracht, im Sand geschlafen und freuten sich über eine Dusche, ein warmes Essen und ein Bett.

Gleich am nächsten Tag mussten sie relativ früh aufstehen. Eine Freundin von mir hatte einen Kleinbus mit Tourguide organisiert und gesponsert: Pyramiden, Zitadelle und Ägyptisches Museum – das volle Programm. So gewannen sie die ersten Kairoer Eindrücke. Marisol hatte noch viel mehr vorbereitet. Ein besonderes Bonbon war eine Jamsession am Sonntag. Ein ägyptischer Musiker, der selbst komponiert und Ud spielt, war der Schlüsselkontakt. Er hatte das Treffen in der Town-House-Gallery, einem Ort für alternative Kunst, organisiert. In einer mit professionellem Tonsystem ausgestatteten Halle saßen im Halbkreis acht erstklassige Musiker aus Kairo, zum Beispiel der beste Cellist der Kairoer Oper, der beste Trommler des Orients, die erste Violine Ägyptens und zwei Sufi-Sänger, ein junger und ein etwas älterer. In einem anderen Halbkreis saßen die »Beans«. Sie waren sehr aufgeregt. Sie wussten nicht, was sie erwartete. Ahmed stellte alle vor und sagte, dass sich vermutlich nach und nach noch ein paar weitere Musiker dazu gesellen würden, die noch im Stau stünden.

Das Ganze war für vier Stunden geplant. Ich blieb davon zwei und war verzaubert und berührt. Ahmed und die Trommler sorgten für einen bleibenden rhythmischen Hintergrund. Die anderen Musiker, auch die »Beans«, setzten ein und aus, je nach Gefühl. Minütlich ließ die Anfangsspannung nach. Einer unsichtbaren Regie folgend passten sich die Instrumente an und brachten sich ein. Dann sang der ältere Sufi-Sänger. Respektvoll wurde ihm Raum gewährt. Die Tür öffnete sich, und ein blinder Mann wurde hereingeführt. Schnell und leise brachte ihm jemand einen Sitz, ein Mikrofon und sein Instrument: ein Akkordeon. Die Stimmung wurde lockerer und als der Sufi-Sänger zum zweiten Mal ansetzte, stimmte Valeria mit ein. Ich bekam Gänsehaut, und es kamen mir die Tränen.

Zwischen den weiteren Auftritten wurde zu Hause

immer wieder geprobt. Es war laut und lustig. Unser Personal ließ sich nicht anmerken, dass es etwas überfordert war. Zwei Vegetarierinnen, aber vor allem ein gestaffeltes Frühstück von 7 bis 12 Uhr. Die »Beans« gingen mit ihren Instrumenten in die Küche und spielten für den Koch und die anderen. Die beste Akustik im Haus, sagten sie.

Zwei Tage später hatten die »Beans« einen Auftritt im Culture Wheel, ein weiterer Ort, in dem man für wenig Geld gute Musik hören kann. Es war sehr heiß an dem Abend, und es gab nur wenig Publikum. Dafür konnten sich unsere jungen Musiker auf der Bühne austoben, und es gibt eine DVD. Weitere zwei Tage später gab es ein erneutes Highlight. Marisol hatte die deutsche Honorarkonsulin in Alexandria kontaktiert, und diese hatte spontan ein Konzert der »Beans« vor der berühmten Bibliothek organisiert. Ich war nicht dabei, aber sie waren von dem Auftritt ganz angetan und mussten sogar Autogramme geben. Außerdem wurden sie von der Honorarkonsulin und ihrer Assistentin regelrecht bemuttert und verwöhnt.

An ihrem letzten Abend luden wir zum Grillen mit Musik in den Garten der Residenz ein. Es sollte betont leger zugehen. Es kamen mehrere Freunde, darunter auch einige Botschafter ohne Krawatte. Erfreulicherweise brachten viele Gäste ihre erwachsenen Kinder mit. So entstand ein fantastischer Mix von circa 70 Personen. Die jungen Leute saßen im Gras. Wer wollte, konnte etwas abseits an einem Tisch sitzen, aber die meisten nahmen auf Stühlen Platz, gleich vor der nicht vorhandenen Bühne. Farag grillte und hatte jede Menge Salate und Knoblauchbrot vorbereitet. Die »Beans« spielten barfuß auf dem Gras und traten an dem Abend dreimal auf. Während der Pausen war die Bühne für jeden, der wollte, frei. Die Tochter des niederländischen Botschafters entpuppte sich als Trommlerin, ein schwarzhaariges Mädel sang zur Gitarre mit einer Stimme wie Norah Jones, ein Bursche sang Mexikanisches, ein anderer rappte. Als zum Abschluss die »Beans« *Bella Ciao* sangen, tobte der Garten und alles tanzte und klatschte. Über Mail, Karten und SMS bedankten sich die begeisterten Gäste. Wir waren selbst entzückt!

Der letzte Tag brach an. Die »Beans« mussten packen. Sie hatten nicht viel mit, aber das wenige war überall. Als das halbwegs gelungen war, quetschten sie sich mit ihren Instrumenten noch einmal ins Auto, denn Ahmed hatte die »Beans« zum Beans-Essen eingeladen.

Sie dürfen jederzeit wiederkommen.

Chihuahua

Ich liebe dieses Wort, seit ich es als Kind zum ersten Mal gehört habe. Ich finde, es klingt exotisch und liebenswert. Schon immer nenne ich unsere Töchter, Anais und Marisol, meine Chihuahuas. Manchmal auch ihre Freunde. Freunde, die ich ganz besonders gerne mag. Michael sagt ihnen dann, sie seien von mir zum Chihuahua befördert worden und lässt durchblicken, dass das etwas Besonderes ist.

Anais wünschte sich schon immer einen Hund. Endlich erfüllte sie sich ihren Wunsch und kaufte sich einen Chihuahua. Langhaarig, schwarz-weiß und einfach süß. Es musste ein kleiner Hund sein, den sie praktisch in einer Tasche mitnehmen kann. Er war circa zehn Wochen alt, als sie ihn abholte. Sie war noch in Den Haag und zeigte mir über Skype die Handvoll Hund. Da klingelte es bei ihr an der Tür. Sie sagte: »Pass doch mal eben auf den Hund auf!«, und war vom Bildschirm verschwunden. »Du bist gut«, dachte ich, völlig machtlos in Kairo, am anderen Ende von Skype. Was ich nicht wusste: Es war eine weitere Person bei ihr im Zimmer, und diese sollte kurz auf »Rufus« aufpassen. Ich starrte gebannt auf den Minihund, der bis eben noch neben Anais auf dem Sofa geschlafen hatte, nun aber die Ohren spitzte und fragte mich, wie ich per Kamera irgendetwas verhindern oder bewirken sollte. Ich kam mir vor wie die Hauptfigur in einem Ostfriesenwitz.

Seit einigen Wochen wohnt Anais mit Rufus zusammen wieder bei uns. Der Chihuahua eroberte sofort alle Herzen. Michael war Feuer und Flamme, ihn in Aktion gegen die Katzen zu sehen. Er konnte es kaum abwarten. Am ersten Abend auf der Terrasse lief Rufus frei herum und freute sich über jedes Blatt. Die weiße Katze im Blumentrog hatte er noch nicht entdeckt. Michael probierte, Rufus auf die Katze aufmerksam zu machen, aber er ließ sich nicht von einem besonders großen Blatt ablenken. Da nahm Michael Rufus in beide Hände, ging zur Katze und – bellte. Die Katze war über den bellenden Botschafter zweifellos schockiert, denn fortan wurde sie oben auf der Terrasse nicht mehr gesehen.

Für ein verlängertes Wochenende fuhren wir nach Hurghada. In einem Gästehaus waren wir auch mit Hund willkommen. Beim Abendessen raste Rufus zur Straße. Da hatte er zwei große Straßenhunde bemerkt. Anais raste in Panik hinterher. Die Hunde liefen weg, als sie sie sahen und Rufus war überzeugt, er hätte sie verjagt. Vor Stolz passte er kaum in sein eigenes Fell!

Pause

Urlaub ist Erholung, sofern man Dinge tut, die anders als der Alltag sind. Ich war für zwei Wochen bei meiner Schwester in Malaysia. Sie hat zur Zeit kein Personal. Lediglich einen Gärtner, der beim zweimaligen täglichen Gießen hilft. Das Grundstück ist groß, und wenn es nicht regnet, kommen sie mit der Arbeit kaum nach. Meine Hilfe war also höchst willkommen und ich kochte, spülte, putzte, wusch, bügelte. Außerdem sollten die Gästezimmer eingerichtet und dekoriert werden. Wir schoben Schränke und Betten, probierten verschiedene Teppiche und Bettüberwürfe in neuen Kombinationen aus. Zur Erfrischung sprang ich ab und zu ins Wasser. Kaum guckten wir wieder in die Küche, war die Spüle erneut zum Bersten voll. Wozu wurden Geschirrspülmaschinen erfunden? Als wir dann wieder in das Zimmer kamen, das wir als erstes eingerichtet hatten, traf uns der Schlag: Alle Möbel standen wieder in der Mitte des Raums! Ein Handwerker hatte beschlossen, die Sockelleisten zu verlegen. Das Holz hatte er direkt im Zimmer zurechtgeschnitten. Ich ging erst einmal schwimmen. Wir vertagten die Neureinigung und Einrichtung auf den folgenden Tag. Das Zimmer war für Grandad Wiffen gedacht. Er sollte eben am folgenden Tag ankommen. Meine Schwester Steffi rechnete aber erst am Nachmittag mit ihm. Ihr Mann Stephen und Tochter Tamara würden Grandad in Kuantan abholen und dort – wie immer – am Meer zu Mittag essen. Wir bräuchten nicht zu kochen und hätten genügend Zeit, um alles wieder in Ordnung zu bringen. Vor allem wussten wir ja schon, wo was zu stehen hatte.

Der Plan funktionierte nicht. Als wir energisch, aber noch mit innerer Ruhe, das Zimmer aufräumten, kam eine SMS mit der Nachricht, sie würden um 14 Uhr ankommen und hätten gerne ein warmes Mittagessen. Wir gaben Gas: Während wir durch den Gang und die Treppe hinunter Richtung Küche rannten, besprachen wir das Menü. Innerhalb von kürzester Zeit waren ein Hackbraten und Kartoffelscheiben im Ofen, Salat gewaschen und geschnitten, der Tisch gedeckt. Zurück ins Zimmer. Alles, was nicht in das Zimmer gehörte, warfen wir auf den Gang. Wir putzten, bezogen auf Spanisch schimpfend das Superkingsize-Bett und schoben alle Möbel an ihren Platz. Zwischendurch ein kurzer Sprint in die Küche, Blick in den Ofen. Hackbraten durfte raus, Kartoffeln noch nicht. Wieder ins Zimmer. Das sah jetzt toll aus. Mit hochroten Köpfen klopften wir uns stolz gegenseitig auf die Schulter. Da kam auch schon der Wagen! Und im Gang türmte sich ein Berg Bettvorleger, Bilder, Werkzeug, Papierkörbe, Putzutensilien. In Windeseile zogen wir alles in das Nebenzimmer. Während ich schnell den Gang fegte, öffnete Steffi die Fenster und winkte Grandad: »Hallooooo Grandad! Willkommen!« Er kam langsam die Treppe hinauf und sah nicht, wie ich den Sand vom Gang in das Nebenzimmer kehrte und mit einem Fußabtreter zudeckte.

Er war von seinem Zimmer begeistert. Zum Hackbraten gab es extrem knusprige Kartoffeln.

Augen und Doktoren

Ziemlich zeitgenau mit unserer Ankunft in Kairo bekam ich eine Schwellung auf jedem Oberlid. Ich ging zu einem hiesigen, perfekt Deutsch sprechenden Augenarzt, der diese unschönen Stellen nicht weglasern wollte, da sie absolut harmlos waren. Meine Eitelkeit beim Blick in den Spiegel veranlasste mich dazu, einen weiteren Augenarzt zu kontaktieren. Der war mir als Laserspezialist sehr empfohlen worden. Die Praxishilfe konnte nur Arabisch und meines reichte noch nicht so weit aus, weshalb eine Ortskraft an der Botschaft netterweise den Termin für mich machte. Als Kontaktnummer gab sie das Mobiltelefon von Hani an. Am Tag des Termins bekam Hani einen Anruf aus der Praxis, mein Termin sei gestrichen – ersatzlos und ohne jegliche Erklärung oder Entschuldigung. Ich interpretierte das als deutliches Zeichen dafür, dass dieser Mensch ganz sicher nicht »mein« Augenarzt werden würde. Im Nachhinein merkte ich, dass der Termin auf das WM-Fußballspiel England/Deutschland gefallen wäre …

Ich fand ich im Internet eine auf Laser spezialisierte Klinik. Die Webseite war sehr professionell, und am Telefon wurde mein englisch-arabisches Kauderwelsch verstanden. Ich bekam einen Termin für den darauffolgenden Tag. Die Klinik sah fast so schick aus wie im Internet. Als ich den Zettel mit meinen persönlichen Angaben ausfüllte, schrieb ich unter »Beruf«: Orthoptistin – dabei weiß ich nicht, was mich geritten hat, hatte ich meine alte Tätigkeit zuletzt vor 20 Jahren vertretungsweise in Bonn an der Dardenneklinik ausgeübt! – Jedenfalls wurde ich von einem Mädel abgeholt, um die Sehschärfe zu prüfen und den Druck und die Brille zu messen. Dann kam ich zu Dr. Abdallah, der wollte, dass ich mit ihm Deutsch sprach. Er erzählte, dass er die Sprache noch gut verstünde, aber leider das Sprechen verlernt hätte. Vor 18 Jahren hatte er als Augenarzt in Bonn an der Dardenneklinik gearbeitet! (Mein alter Spruch: Die Welt ist so klein, man muss sich überall gut benehmen!) Außerdem erzählte er, dass es in Ägypten den Beruf der Orthoptistin nicht gibt. Auch interviewte er mich ein bisschen, um sich ein Bild über meine Erfahrung zu machen.

Dr. Abdallah empfahl einen kleinen Eingriff unter Lokalanästhesie. Kurzentschlossen nahm ich den nächsten freien OP-Termin am kommenden Tag.

Ich wurde direkt in eine Kabine im ersten Stock geführt. Da setzte ich mich in einen riesigen Sessel. Schon bald kam eine Schwester. Ich schloss Handtasche und Schmuck in ein Schränkchen ein und bekam einen leichten, wegwerfbaren Kittel und eine Haarhaube übergezogen. Die Schwester klebte mir zwei blaue Papierpunkte auf die Stirn und erklärte, dass sei, damit alle im OP wüssten, dass beide Augen dran sind. Ich kam auf einen Sessel mit Rollen und wurde umständlich durch die engen Flure der ursprünglichen Villa geschoben. Der Anästhesist stellte sich vor und erklärte mir den OP-Vorgang. Dann kam Dr. Abdallah hinzu und sagte ihm begeistert: »Hey, weißt du was? Sie ist Orthoptistin!« (Welch ein wunderbares Gefühl! Normalerweise heißt es: »Weißt du was? Sie ist die Frau vom deutschen Botschafter« …) Wir rollten in den OP. Von allen Seiten hörte ich wunderschöne Segnungen. Alles wird gut, inshallah. Allah schütze dich.

Im OP-Saal sang Edith Piaf. Alle waren unheimlich

lieb und der Eingriff in 20 Minuten vorbei. Ich wurde zurückgerollt und neu gesegnet. Allah sei Dank! Ich rollte zum dicken Sessel und holte meine Tasche.

Dr. Abdallah fragte, ob ich Lust hätte, ein Mal pro Woche in die Klinik zu kommen und meine Meinung zu ihren Schielpatienten zu geben. Ich hatte Lust. Wir würden sehen. Nach Ramadan. Inshallah.

Schweben

Seit Anais hier ist, um ihr letztes Praktikum im Hotelmanagement im neusten Hotel am Nil zu absolvieren, geht sie morgens um 6.45 Uhr mit ihrem Chihuahua aus dem Haus und in den Klub, um über die Golffelder zu laufen. Meistens gehen Michael oder ich mit. Manchmal auch wir beide.

Erst geht man den einen Block bis zum Klubeingang zwischen parkenden Autos, Staub und Müll. Pförtner in langen Gallabiyas und mit Turban waschen Autos mit schmutzigen Lappen oder kehren vor einem Hauseingang. Am Klubeingang werden wir herzlich begrüßt, und plötzlich sind wir in einer anderen Welt.

Der orange Sonnenball kommt zwischen den Hochhäusern hervor und über dem Rasen liegt Dunst. Die Sonnenstrahlen produzieren wunderschöne Lichteffekte, wenn sie auf die alten Bäume treffen. Wir vergessen, wo wir sind. Soll das wirklich der Moloch Kairo sein? Rufus rennt glücklich und ohne Leine über den Rasen. Manchmal jagt er einen Wiedehopf. Wenn er sich besonders mutig fühlt, verscheucht er die großen, grauschwarzen Krähen. Er liebt auch die Sandbunker und sieht nach einer halben Stunde aus wie ein Schnitzel. Wir genießen die Zeit und besprechen alle möglichen Themen.

Neulich kam Anais zu mir ins Zimmer und fragte: »Kommst du mit schweben?« Ich fragte noch völlig schlaftrunken: »Schweben?« »Ja, ich habe geträumt, dass es so heißt: Wir gehen über die Golffelder schweben«, sagte sie völlig überzeugt. Sicherlich hat sie recht.

Catwalk

Nach Kairo kommt regelmäßig eine deutsche Modedesignerin, die ägyptische Designer ausbildet. Zudem baut sie in deren Kreationen Motive der Beduinen in Form von Gürteln aus Perlenstickerei, Silberschmuck oder Malerei ein. Mit ihrem Projekt werden Frauen auf der Sinai-Halbinsel unterstützt.

Vor einigen Monaten kam sie in die Botschaft. Sie hatte Mappen mit Kleiderdesigns dabei, Kreationen, die in Deutschland in einer großen Modenschau vorgeführt werden sollten. Ihre Idee war, diese Mode vorab als Sneakpreview in Kairo im Garten der Botschaftsresidenz zu zeigen. Ihre Begeisterung war ansteckend und die Kulturabteilung sagte zu. Als ich die eleganten, ausgefallenen Kleiderzeichnungen sah, wollte ich unbedingt für mich eines erwerben. Vier weitere Frauen aus der Botschaft auch. Eines Mittags saßen wir also zu sechst in der Residenz im »Damensalon« über Mappen gebeugt und hatten Mühe, unter so vielen schönen Designs die richtige Wahl zu treffen. Wir berieten uns gegenseitig, während die Modedesignerin und ihre Assistentin schon einmal Maß nahmen.

Zur Organisation der Fashionshow waren unzählige Treffen notwendig. Das Team für den Aufbau des Catwalks und der Bühne wurde angeführt von einem sehr dickbäuchigen Mann mit großem geschwungenen Schnurrbart. Anais nannte ihn den Zirkusdirektor. Der Name steht ihm so gut, dass ich mir seinen richtigen nicht merken kann. Er lief den Rasen ab, rief Kommandos an seine anwesenden Helfer und über das Handy. Dann kam das Hotelteam, das für das Büfett verantwortlich war. Auch sie liefen den Garten ab und machten Vorschläge. Auf meine Anregung hin kamen an einem weiteren Termin Zirkusdirektor und Hotelcaterer gleichzeitig, um sich einigermaßen abzusprechen.

Zwischendurch gab es eine Kleidervorprobe; ein Entwurf aus Nesselstoff. Dann hörte ich länger nichts.

Die Dame der Kulturabteilung wurde leicht nervös. Die Fashionshow sollte zwei Wochen nach Ramadan stattfinden. Die Liste der Dinge, die vorher zu passieren hatten, war lang und keiner fühlte sich wirklich verantwortlich.

Jedes Mal, wenn wir uns über den Weg liefen, fragten wir uns gegenseitig nach dem Stand der versprochenen Kleider. Nichts.

Ein paar Tage vor der Fashionshow brach Hektik aus. Ich hielt mich bei der Organisation so gut es ging zurück. Es gab meines Erachtens zu viele Häuptlinge und zu wenige Indianer.

Zweimal wurde ich abgeholt und zu einem Schneider gebracht. Die Designerin hatte einen sehr schönen fließenden Stoff gefunden. Da es ein männlicher Schneider war, musste ich zur Kleiderprobe mein T-Shirt anbehalten. Kann das gut gehen? Ich war auf das Resultat gespannt. Die anderen Frauen der Botschaft warteten noch auf ihre nächste Anprobe.

Im Garten wurde der Laufsteg aufgebaut. Zehn Meter lang, mit einer Bühne an einem Ende und hohen Wänden als Abschluss. Ein Monster! Stühle, Bistro- und Büfetttische wurden geliefert sowie Lautsprecheranlage, Kameras, Leinwand und ein Beduinenzelt für den Eingang. Der Almauftrieb nahm kein Ende. 20 Models marschierten an. Man erkannte sie nicht nur an den unendlich langen

Beinen, sondern auch an ihren riesigen Sonnenbrillen und einer distanzierten Arroganz. Sie saßen in kleinen Gruppen um den Laufsteg verteilt, rauchten, aßen Unmengen Pizza, rauchten noch mehr und telefonierten pausenlos. Zwischendurch wurden Kleider anprobiert, Fotos geschossen, Tonproben gemacht, Choreografie geübt. An unserem Flügel saß eine junge Frau und spielte. Sie stellte sich als Freundin der Designerin vor, sagte, sie sei eigentlich nur zur moralischen Unterstützung gekommen.

Mein Kleid wurde gebracht. Ich probierte es sofort an – es saß nicht. Das Oberteil war etwas schief und viel zu groß. Trotzdem suchten wir schon mal ein beduinisches, buntes Band mit Perlenstickerei aus, denn wir hatten ja nur noch bis zum folgenden Tag Zeit! Ich wählte in Gedanken eins meiner eigenen Kleider als Plan B.

Der Morgen darauf. Nachts war weitergearbeitet worden. Die Monsterwände hinter der Bühne waren nun mit einem schönen, weißen Stoff bedeckt. Der Laufsteg wirkte, mit einem schwarzen Teppich belegt, elegant. Auf dem Laufsteg stolzierten vier der Botschaftskatzen. (Daher der Name Catwalk?) Leider hatte ich die Kamera nicht schnell genug bereit. Ab zehn Uhr war wieder Almauftrieb. Siehe oben. Zusätzlich kamen ein Make-up- und ein Friseurteam.

Mein Kleid wurde gebracht. Der Reißverschluss ging nicht zu. Schuld daran sei die Perlenstickerei. Sie wurde entfernt und neu befestigt. Etwas erstaunt stellte ich fest, dass sich die Klavierspielerin darum kümmerte. Sie gestand auch, dass sie noch nie etwas genäht hätte. Dann kam der letzte Versuch: Es passte! Erleichtertes Aufatmen.

Die Gäste kamen. Und sechs Fernsehteams. Michael

wurde ständig zu Interviews geholt. Ich musste die Gäste meistens alleine begrüßen. Dann ging es los: Musik ab und 20 Katzen stolzierten über den Laufsteg. Zweibeinige. Der Applaus wollte kein Ende nehmen.

Der 3. Oktober

Es gibt irgendwo in der lateinamerikanischen Literatur die Beschreibung einer großen Schlacht aus der Sicht eines einzelnen Soldaten. Wie er mit vielen anderen schreiend, leicht bergab in eine Senke galoppiert, wie sein Pferd stürzt und er mit gebrochenem Knöchel im Staub liegt. Wie er dann den Kopf einzieht und sich einrollt, um nicht zu Tode getrampelt zu werden. So war für ihn die Schlacht. Erst später erfährt er, wie die Schlacht in einem großen Bild dargestellt wurde: Es war ein Siegeszug, der später in den Geschichtsbüchern genau festgehalten wurde.

So ähnlich fühlte ich mich bei den Vorbereitungen zum 3. Oktober. Die Organisation lag in den Händen der Botschaft. Ich wollte eigentlich nur informiert bleiben und nahm daher an einer Versammlung der Organisatoren teil. Beim Thema Menü klinkte ich mich dann doch ein. Das Essen sollte, wie schon in den vergangenen Jahren, vom *Marriott*-Hotel geliefert werden. Es wurde mir ein Menüvorschlag gezeigt und ich strich alles, was mit Hitze- und Rauchentwicklung zu tun hatte, denn dafür war es in diesem Jahr klimatisch einfach noch zu heiß.

Mit dem an der Botschaft für die Organisation zuständigen Referent fuhr ich zum *Marriott* und gemeinsam gestalteten wir den Vorschlag um. Es kamen viele, rein deutsche Gänge hinzu. Zum Teil lieferten wir dem Hotel die Rezepte selbst und traten eine Woche später wieder zur Degustation dort an. Es war alles sehr lecker, und es gab nur wenig zu korrigieren. Auch die Deko wurde besprochen. Als Hingucker wurden eine Schokoladen-

Fontäne und zwei große halbe Holzfässer eingeplant. Das eine sollte mit Eiswürfeln und Bierflaschen gefüllt die Bar einladend schmücken, das andere sollte mit roten und gelben Blumen bestückt den Eingang ansprechend gestalten.

Zusätzlich hatten wir uns zwei Aufmerksamkeiten ausgedacht. Da auf der Straße wie in jedem Jahr eine Menschenschlange erwartet wurde, sollte dort jemand aus einem Korb kleine Brezeln verteilen. Ein paar Meter weiter wollten wir auch den Fahrern etwas Gutes tun und jedem durch das Fenster ein Päckchen reichen. Darin eine gute Portion Kushari (ein hiesiges Gericht mit vielen Kohlehydraten, das unser Koch perfekt zubereitet) und Saft.

Das Datum näherte sich und mein Handy lief heiß. Es kamen ständig Anrufe von Menschen, die auf der Emotionsskala in den unterschiedlichsten Tönen reklamierten, dass sie keine Einladung erhalten hatten. Ich war drauf und dran, das Telefon in den Nil zu werfen!

Einen Tag vor der großen Feier fand ich mit Anais zusammen mein Kleid: weiß, schulterfrei und mit dezenten Dekoteilen in Schwarz. Der Friseur fühlte sich an diesem dritten Oktober besonders kreativ und baute auf meinen Kopf eine Lackstatue. Sie sah nicht schlecht aus, aber ich erkannte mich im Spiegel nicht wieder. Deshalb zog ich einfach meine derzeitigen Lieblingsohrringe an: Kirschen, die wie echte aussehen. Das war wieder mehr »ich«.

Kurzer Kontrollgang über den Garten: Der Aufbau der drei Büfetts sah gut aus. Das Fass mit Eis und Bier war wirkungsvoll platziert. Die zweite Fasshälfte wurde herangetragen. Das Blumenarrangement bestand aus einem Rechteck mit Grünzeug, einem rechteckigen flachen Teppich aus gelben Blumen und in der Mitte war einem Gesteck roter Calla. Es sah aus wie ein Sarg! Schnell holte ich die botschaftseigenen Gärtner. Sie verstanden zum Glück sofort, was ich zu beanstanden hatte und verwandelten das Fass in eine schöne, wilde Blumenpracht.

Pünktlich bauten wir uns als *receiving line* auf und schüttelten in anderthalb Stunden circa 1.200 Hände. Es war wie am Laufband und mein Gehirn resignierte bei dem Versuch, mich an Namen zu erinnern. Ich war fast dankbar für die kleinen Unterbrechungen für ein Foto mit jeder besonders wichtigen Persönlichkeit.

Ein etwa zehnjähriger Junge aus einer der deutschen Schulen sang beide Nationalhymnen. Dann hielt Michael seine Rede in drei Sprachen. Nicht als Übersetzung, sondern im Fluss, sodass jemand, der alle drei beherrschte, jedes Mal etwas Neues zu hören bekam. Das Büfett wurde eröffnet. Zwischen vielen kleinen Gesprächen probierte ich hier und da eine Frikadelle oder ein Stückchen Blechkuchen. Als ich die Schokoladen-Fontäne angucken wollte, war sie schon weggeräumt worden. Eine leichte Brise war aufgekommen und hatte braune Schokoladenflecken über die Kleider derer verteilt, die zu nahe an die Fontäne gekommen waren. Die so entstandenen »Leoparden« nahmen die Sache zum Glück mit Humor.

Der Blick aus der Vogelperspektive ergab am Tag darauf: eine gute Party. Die Menschen hatten sich wohl gefühlt. Das Essen war zwar nicht »sooo« gut gewesen wie bei der Degustation. Aber die Brezeln bei der Warteschlange waren gut angekommen. Große Kritik äußerte ein Fahrer: Drinnen gäbe es die tollsten Dinge, und sie seien bloß mit Kushari abgefertigt worden. Also werden wir wohl im kommenden Jahr auf die kleine Aufmerksamkeit für die Fahrer verzichten. Schade!

Weiterhin erhalte ich Anrufe. Einige Leute behaupten, jetzt erst ihre Einladung bekommen zu haben. Vielleicht landet mein Handy doch noch im Nil.

Ein Rückblick

Wir sind seit einem Jahr in Kairo auf Posten. Richtig klar wurde mir das erst, als sich die Zeremonie für die Gefallenen der Schlacht von El-Alamein jährte. 2009 war es der erste offizielle Auftritt gewesen, gleich drei Tage nach unserer Ankunft. Zudem kommen jetzt Einladungen zu Nationalfeiertagen, bei denen wir im vergangenen Jahr der Diplo-Community vorgestellt wurden. Nun gehören wir zu den »alten Hasen«. Es kommt mir vor, als sei es erst wenige Monate her, dass wir beim ungarischen Nationalfeiertag waren. Ein ägyptischer Diplomat erinnerte sich an den Tag. Er wusste noch genau, wo wir gestanden hatten und was er mir beim Kennenlernen erzählt hatte.

Was hat sich getan? Ibrahim und Ahmed halten den Garten perfekt in Schuss. Durch die drei ganz großen Partys hatte der Rasen gelitten, aber nun sind die braunen Stellen praktisch ganz verschwunden. Seit einer Woche bekommt unser Personal Englischunterricht. Wir finden, dass es eine gute Möglichkeit ist, um ihnen für die Zeit nach uns bessere Jobchancen zu geben, sei es, um von den Nachfolgern übernommen zu werden, oder um sich woanders zu bewerben. Bis jetzt sind sie hochmotiviert. Die Probezeit läuft bis Weihnachten und dann beschließen wir, ob sich die Finanzierung lohnt.

Dass der Koch Farag selbst Brot backt, ist inzwischen so selbstverständlich, dass wir es uns anders kaum vorstellen können. Der Fahrer Hani ist lockerer geworden. Neulich sagte ich ihm, dass wir nun schon ein Jahr da sind. Er sagte: »Ein Jahr und sechs Tage«, und fügte hinzu: »Es war ein schönes Jahr.« Farags Sohn Ahmed ist fleißig und nach wie vor eher still. Am kommenden Freitag wird seine Verlobung gefeiert. Mein Gott, dieser kleine Junge (22)!

Hala wirkt aufgeräumt, fast wie frisch verliebt. Mohammed kommt häufig zu spät. Er ist aber auch derjenige, der nach jeder Party noch fertig aufräumt, die Toiletten in Ordnung bringt und nachts da ist, wenn etwas geliefert wird. Alle paar Wochen muss er knapp, aber streng zurechtgewiesen werden. Dann kommt er eine Zeit lang wieder pünktlich.

Viele der Katzenliebhaberinnen sind im Sommer versetzt worden. Es sind aber mindestens ebenso viele neue dazugekommen. Die Katzen werden nun auf der Straße gegenüber der Botschaft gefüttert. Die Damen kochen und bringen so viel Futter, dass es gegenüber den vielen armen Menschen peinlich ist. Michael hörte, wie ein Fahrer sagte, dass er noch nicht einmal pro Woche so viel Fleisch bekäme.

Ich genieße die Spaziergänge mit Anais und Rufus über die Golffelder. Der Tag bekommt einen positiven Start. Nach dem Frühstück gehe ich in mein Büro und sehe nach, was ansteht. Meistens ist etwas mit dem Koch zu besprechen und zu planen. Ich bekomme eine köstliche Tasse »mazbut«, ein türkischer Kaffee mit Kardamon aromatisiert und genau der richtigen Menge Zucker. Das ist wie Medizin. Wenn wir keine Menüs für kommende Abendveranstaltungen planen, gebe ich Farag neue Rezepte zum Ausprobieren. Häufig setzt er sie noch am selben Tag um. Manchmal muss am Geschmack gefeilt werden. Sein Zwetschgenkuchen schmeckte neulich eher wie Pizza mit Zwetschgen.

Montags gebe ich Facial-Harmony-Sitzungen in einem Studio außerhalb der Botschaft. Das ist eine Behandlung zur Tiefenentspannung, bei der, als Resultat, die Gesichtszüge deutlich frischer wirken. Es ist für einige Menschen befremdend, dafür in die privaten Räume der Residenz zu kommen. Allerdings ist es im Studio nicht so ruhig wie zu Hause. Ich bin Trainerin für diese Methode und habe demnächst zwei Kurse geplant. Den ersten noch im November auf Spanisch für eine einzelne Spanierin, die extra angereist kommt. Einen weiteren Kurs habe ich für Anfang Dezember geplant, auf Englisch für hier Ansässige. Es freut mich sehr, ab und zu in meine eigene Welt tauchen zu können.

Mittwochs bin ich halbtags in der Augenklinik. Eine junge Augenärztin, die sich auf Kinderaugenheilkunde spezialisieren möchte, untersucht mehrere Patienten und ich berate, soweit es möglich ist. Es kommen viele Arme. Die Untersuchung wird vom *Rotary Club* finanziert. Die Schielfälle, die wir zu sehen bekommen, gibt es in Europa nicht. Da kommt mir die Erfahrung in der Uniklinik in Caracas zugute. In Ägypten heiraten viele Menschen innerhalb der eigenen Familie. Vielleicht liegt hier der Grund für viele Neugeborene mit grauem Star. Sehr wichtig ist es herauszufinden, was die eigentliche Sorge der Patienten bzw. die ihrer Eltern ist. Dabei stellt man Erstaunliches fest. Zum Beispiel: Ein zehnjähriges Mädchen kommt. Die Eltern haben unter ihrem Oberlid einen kleinen roten Fleck entdeckt. Der stört sie. Medizinisch ist der Fleck nicht relevant und optisch nur zu sehen, wenn man das Oberlid anhebt. Als wir mit der Sehschärfeuntersuchung beginnen wollen, stellt sich heraus, dass das Mädchen gehörlos ist und auch keinerlei Art der Verständigung kennt. Das scheint die Eltern überhaupt nicht zu stören. Sie wollen das Mädchen möglichst bald verlobt wissen. Dafür soll der Fleck weg.

Thema Weihnachtsbasar: Die Sitzungen zu den Basarvorbereitungen finden dienstags statt. Um 11 Uhr ist die für den EU-Basar, um 14 Uhr für den deutschen Basar. Das ist ganz praktisch. Nach wie vor kommt Michael zum Mittagessen in die Residenz, und wir können uns austauschen. Telefon und Kalender sind immer zur Hand. Abends sind Nationalfeiertage oder andere Anlässe, aushäusig oder bei uns. Wenn bei uns, werden Blumen besorgt, Menüs geschrieben und die Sitzordnung organisiert.

Der Terminkalender füllt sich vor Weihnachten rapide. Die Daten für den Adventskaffee der Senioren und für das Weihnachtsfest des Botschaftspersonals stehen fest. Soll in diesem Jahr das Christkind kommen? Die Ortskräfte erwarten eher wieder einen Weihnachtsmann. Wenn es ein Weihnachtsmann wird, sollte er diesmal aber nicht auf dem Motorrad kommen. Vielleicht doch auf einem Kamel?

Weihnachtsfeier 2010

Tatsächlich: Der Weihnachtsmann kam auf einem Kamel. Es kam zu Fuß aus Giza, war sehr hell, fast weiß, besonders groß und sehr schön dekoriert. Von der deutschen Schule bekamen wir wieder das Kostüm geliehen. Diesmal war es ein bischöfliches Modell mit Tiara. Das Kamel wurde hinten vor dem Küchenfenster versteckt. Anais stand neben dem Weihnachtsmann und gab ihm zur verabredeten Zeit das Kommando zum Aufsitzen. Zuerst geht das Kamel hinten hoch, dann vorne, dann wieder hinten. Man muss die Bewegung ausbalancieren, wobei dem Weihnachtsmann die Tiara herunterfiel. Anais reichte sie ihm und er setzte sie falsch herum wieder auf. Die Spitzen waren nicht vorne und hinten, sondern links und rechts und sahen ein bisschen aus wie Eselohren. Trotzdem verspürte ich, als er auf dem riesigen Tier majestätisch um die Ecke kam, eine Gänsehaut.

Da Weihnachtsbäume hier sehr teuer sind, hatte ich im großen Salon eine Pyramide aus einem Glastisch und immer kleiner werdenden Glasplatten aufgebaut und sie mit roten Weihnachtssternen und Rosmarinpflanzen vollgestellt. Es wurde ein toller Baum, der viel fotografiert und auch von Hotels in Kairo nachgemacht wurde! Nach der Bescherung gingen wir ans Büfett. Obwohl es noch mehr Essen gab als im letzten Jahr, war es wieder nach einer halben Stunde leer geräumt.

24. Dezember 2010

Meine aus den Niederlanden stammende Mutter führte vor Jahren ein, dass es Heiligabend zu jedem Geschenk ein Gedicht gibt. Der Schenkende liest sein Gedicht vor. Das Schöne ist, dass sich die Bescherung gemütlich hinzieht und alle ehren und achten jedes einzelne Geschenk. Wenn wir Weihnachten zu viert en famille feiern, folgen wir dieser Tradition.

Irgendwann in der Adventszeit sagt eine unserer Töchter: »In diesem Jahr könnten wir eigentlich wieder dichten!«

Michael: »Neeiiinnn! Nicht dichten!«

Drei Frauen im Chor: »Doooooch! Dichten!«

Und ein paar Tage vor Weihnachten findet man häufig geschlossene Zimmertüren. Alles sehr geheimnisvoll. Michael findet keine Zeit. Erst am 24. selbst ist die Tür zu seinem Schreibtischzimmer zu, und wir hören, wie er mit Papier raschelt und leise lacht. Er macht die besten Gedichte. Und die längsten. Und in den nächsten zwei Wochen kann er keine zwei Sätze sagen, ohne dass es sich reimt. Wir kugeln uns vor Lachen!

Ein kleines Beispiel:
Der Mensch sich müht, die Zeit zu messen
Vergangenheit nicht zu vergessen
Der Zukunft stolz ins Aug' zu blicken
Und Pläne auf den Weg zu schicken
Damit es überblickbar sei
Teilt man der Zeiten Allerlei
In viele kleine handlich Stücke

Um drauf zu bau'n des Lebens Brücke
Damit dies klappt, gefällt mir sehr
Zu schenken Euch zwei Kalender

Zu Weihnachten 2010 schenkte ich Michael die ersten Seiten unserer Abenteuer in Ägypten:

Ein Jahr ist um, ich kanns kaum fassen,
hab ich die Zeit so vergehen lassen?
Paar Tage ist es her, da war'n wir noch neu,
jetzt sind wir Experten und berichten treu.
Du bist bekannt wie ein bunter Hund,
die Zeitung schreibt sich die Finger wund
und manchmal, wenn sie dich nicht erwischen,
schreiben sie was über mich dazwischen.
Du schreibst von Ägypten, Nahost und Mubarak,
ich schrieb über Hani, Ahmed und Farag,
von Siwa, Friseur und im Parke schweben,
vom Kochen und Feiern, vom Leben eben.

2011

Es war der 25. Januar 2011. Ein Feiertag zu Ehren der Polizei. Anais reiste nach Den Haag zu ihrer Abschlussprüfung. Es wurden Unruhen befürchtet und wir sahen sehr viel Polizeiaufgebot. Das sei zu dem Datum normal. Unterwegs zum Flughafen sah Anais mehrere brennende Autos.

26. Januar

Der *WDR*-Chor war mit einem großartigen Musikprogramm nach Ägypten gekommen. Zum ersten Mal wollten sie auch in Oberägypten auftreten, und wir begleiteten sie. Michael hatte Termine mit mehreren Gouverneuren. Unsere Unterkunft in Sohag war auf einem Hotelschiff. Wir bekamen die Suite: einen kleinen Raum mit Spannteppich, wackeligem Tisch, leerer Minibar, aber fantastischer Aussicht auf den Nil. Am Abend war der Auftritt des *WDR*-Chors in Verbindung mit Sufi und koptischer Musik. Tagsüber hatten wir zusammen mit allen Musikern und dem TV-Team ein exklusives Besichtigungsprogramm: Tempel von Abydos, Statue von Merit-Amun, das rote und das weiße Kloster. Fantastisch! Ich genoss auch die Fahrt durch die Dörfer und Märkte. Menschen, die für das hier und heute ernten, verkaufen, kaufen, Tiere füttern, Wäsche waschen …

Als wir auch im zweiten Kloster – wie überall – alle herzlichst begrüßt wurden, hing uns der Magen bis zu den Knien. Wir hatten seit dem Frühstück nichts gegessen. Der Abt lud uns in Papst Shenoudas Gästehaus ein. Wir betraten einen großen Raum, der mit vielen großen Sesseln und Sofas möbliert war. Einige waren hellgrün bezogen, andere in einem wilden Leopardenmuster. Wir wurden mit ägyptischer Großzügigkeit bedient. Ablehnen ging nicht. Es gab kurz hintereinander eine Dose stark gesüßten Obstsaft, eine Tafel Schokolade mit klebriger Kokosnussfüllung, eine Flasche Wasser, ein Glas starken Tee und eine Coca-Cola. Mein Magen sehnte sich nach einer »normalen« Mahlzeit.

Den ganzen Tag über hatten wir eine Polizeieskorte. Zwei Wagen mit lauten Sirenen fuhren vor und scheuchten Mensch und Tier von der Straße. Sie waren auch dann laut, wenn kein Hindernis weit und breit zu sehen war. Dann folgte unser Botschaftswagen. Hinterher fuhren zwei große Busse mit den Musikern und am Ende noch mal Polizei. Wir gelangten zur Unterkunft. Es war 17 Uhr, und wir hatten noch bis 19 Uhr etwas Zeit für uns.

Dem Reiseleiter, der mit uns im Wagen fuhr, sagten wir, dass wir sehr gerne vor dem Konzert eine Kleinigkeit essen würden. Zuerst nannte er als Möglichkeit die schicksten Hotelrestaurants. Nach viel Überzeugungskraft entschied er sich, uns zu einer kleinen Pizzeria mitzunehmen. Sie gehörte einem seiner Freunde. Er rief ihn an, und wir verstanden teilweise die telefonischen Anweisungen: »Mach einen Tisch leer und sauber. Nein, du brauchst die Jugendlichen nicht wegzuschicken. Wir brauchen nur einen Tisch für vier Personen.« Wir hatten gehofft, die Polizeieskorte loszuwerden. Mitnichten! Sie fragten dreimal nach, ob wir wirklich ganz bestimmt in die Pizzeria wollten. Dann ging es los: »TatüüüüüüüüüüüüüüüüüTAATAAAAAAAAAAAAAAAAAAA« durch die Straßen von Sohag. Der Reiseführer meinte: »Oh je, Ismail wird denken, sein Lokal wird geschlossen, wenn wir mit so viel Polizei ankommen.« Die Pizzeria wurde gerade feucht durchgewischt. Wir wurden auf den ersten Stock gelotst. Die Treppe war schon gefeudelt worden.

Am Fenster war unser Tisch. In der anderen Ecke nahmen unsere treuen Polizeibeschützer Platz. Neben uns war ein großer Tisch von Jugendlichen besetzt. Einer feierte seinen Geburtstag. An seinem Platz türmten sich

Geschenke in bunten Tüten. Wir bestellten Pizza und Wasser. Über die Musikanlage erklang *Happy Birthday*. Erst auf Englisch, dann auf Arabisch. Wir klatschten und sangen mit. Das begeisterte die Jugendlichen so, dass sie es noch zweimal wiederholten. Der Kellner brachte eine große Torte mit einer sprühenden Wunderkerze für das Geburtstagskind. Michael wurde an ihren Tisch gebeten. Jeder wollte ein Foto mit ihm. Der Besitzer kam mit seiner Familie. Ich zählte fünf Töchter. Jede wollte ein Foto mit mir, dann eines mit allen zusammen. Als immer mehr Jugendliche zum Fotoshooting kamen, scheuchte sie unser Fahrer weg. Er mahnte uns aufzuhören: »Sie rufen alle ihre Freunde an, damit sie kommen!« Wir aßen Pizza und würzten sie mit Ketchup. Vom Nebentisch kam jemand und stellte uns zwei Riesenstücke Geburtstagstorte hin. Mein Magen wollte am liebsten davonrennen! Zum Glück gingen die Kids vor uns. So konnten wir, ohne jemanden zu beleidigen, die Torte an die Polizisten weitergeben. Mit lautem Sirenengeheul wurden wir zum Hotelschiff eskortiert.

Aus Kairo kamen vermehrt beunruhigende Anrufe. Wir sollten so losfahren, dass wir vor Ende des Freitagsgebets sicher auf Zamalek ankämen.

Freitag, 28. Januar

Es ist 12.10 Uhr. Auf Zamalek ist es im Moment sehr still und ich höre nur den Muezzin zum Gebet rufen.

Vor weniger als einer Stunde sind Michael und ich aus Sohag zurückgekommen. Er hat seine Dienstreise vorzeitig abgebrochen, um – vor allem in der Botschaft – die Stimmung zu stärken. Seit Dienstag, dem 25. Januar, sind im ganzen Lande Unruhen ausgebrochen. Die Menschen benachrichtigen sich gegenseitig via Internet und Handys über neue Treffpunkte und legen so die Polizei rein. Es wurde zu neuen Demonstrationen nach dem Freitagsgebet aufgerufen, und angeblich trifft heute El-Baradei aus dem Ausland ein, um Mubarak zum Abdanken zu bewegen und sich selbst für eine Übergangsregierung zur Verfügung zu stellen.

Wir haben eine wilde Fahrt hinter uns. Um 6 Uhr stiegen wir in den Wagen. Der Fahrer verhandelte mit der Polizei. Er konnte sie überzeugen, dass wir für die Fahrt nach Kairo keine Eskorte brauchten. Er gab ihnen seine Handynummer. In vier Stunden raste er von Sohag nach Zamalek. Das sind etwa 400 Kilometer. Die Schlaglöcher spürten wir nicht, so flog er darüber. Später gestand er, dass er selbst vor Ende des Freitagsgebets sicher zu Hause sein wollte. Aus den Kontrollpunkten von unterwegs bekam er immer wieder Anrufe. Die Polizisten schlossen Wetten darüber ab, wie lange unser Wagen bis zur nächsten Station brauchen würde.

Die Regierung hat Facebook und wahrscheinlich auch alles Ähnliche gesperrt. Es funktionieren in Kairo weder Handy noch Internet. Hala hatte alle Türen zu unseren

Privaträumen abgeschlossen. Sie hatte ja noch nicht mit unserer Rückkehr gerechnet. Ich kann sie nicht anrufen. Ich setze mich ruhig hin, atme tief und denke an sie. Ein paar Minuten später gehe ich in die Küche, ziehe die dritte Schublade auf und finde erleichtert die Schlüssel.

In der Botschaft haben sich trotz Feiertag die meisten Referenten zusammengefunden, um zu beraten. Michael möchte eigentlich spätestens um 16 Uhr aufbrechen, um seine Dienstreise fortzusetzen. In El-Minya ist ein Gespräch mit dem Gouverneur vorgesehen. Der Termin war schwer zu vereinbaren gewesen.

17.30 Uhr: Michael hat in der Häuptlingsrunde die Rückreise nach El-Minya abgesagt. Die Lage ist zu unberechenbar, und er könnte in Oberägypten hängen bleiben. Ich sehe im *Al-Jazeera*-Fernsehkanal die Nachrichten. Obwohl ich die Objektivität anzweifle, klebe ich an den *Breaking News* und kann mich nicht davon lösen. Die ägyptischen Wächter der Botschaft haben »das Schiff« schon längst verlassen. Auch die Leute vom »Geheimdienst«, die sich sonst unauffällig in der Nähe aufhalten, sind verschwunden. Es knallt irgendwo nicht weit entfernt.

Samstag, 29. Januar

Ich verbrachte den Tag zwischen Fernseher und Computer. Es gibt nach wie vor kein Internet, aber ich konnte die Zeit nutzen, um ein paar Kursunterlagen auf Spanisch zu übersetzen. Die Nerven lagen generell ziemlich blank. Farag, Hani und die beiden Ahmeds erschienen brav. Hala kam nicht: Ihre Schwester war am Nachmittag zuvor ihrem Kehlkopfkrebsleiden erlegen. Sie hinterlässt zwei Töchter, um die sich Hala kümmern muss. Ihre eigene Trauer geht im Chaos unter.

Hani tankte den Wagen voll. Farag machte einen großen Topf Chili con Carne. An der Botschaft arbeitet das Team rund um die Uhr. Wegen der verhängten Ausgangssperre schickte ich mein Personal früh nach Hause. Abends kochte ich einen großen Topf Brokkolisuppe. Zuerst kamen acht Personen: Fahrer, Wächter, Telefondienst. Kaum aber war abgeräumt, kamen weitere acht. Ich erwärmte Reis, den man sich in die restliche Suppe tun konnte. Als alles ratzeputz leer war, kamen noch mal vier. Da wühlte ich im Freezer, fand noch Rösti und Auberginen. Bevor ich mich zum Schlafen zurückzog, richtete ich die Gästebetten her. Für den Fall.

Sonntag, 30. Januar

Für heute war die Ausreise von 150 deutschen Familienangehörigen vorgesehen. Aber der Flug wurde abgesagt und so waren alle mit Sack und Pack in der Botschaft. Viele hatten eine angstvolle Nacht verbracht. Vielerorts wird geplündert und überfallen. Bewaffnete Gangs sind unterwegs, und die Polizei ist verschwunden. Der Krisenstab der Botschaft hat eine Liste erarbeitet und konnte etwa die Hälfte der Menschen auf Privathäuser von Botschaftsmitarbeitern auf Zamalek verteilen. Auch hier sind Gangs unterwegs, aber die Bürgerwacht ist gut organisiert: Junge Leute errichten Straßensperren mit ihren Autos und lassen keine Unbekannten durch. Der Rest blieb an der Botschaft. Ich kramte Spiele für die Kinder hervor. Sie konnten auch im Garten der Residenz toben. Die älteren Kinder kümmerten sich rührend um die kleineren. Farag kochte Mittagessen für alle. Zwischen Botschaft und Residenz gibt es ein Areal mit Holztischen und Bänken. Ausgangssperre war um 16 Uhr.

Wer nicht rechtzeitig rauskam, übernachtete im Botschaftsareal. In unseren Gästezimmern logierten zwei frisch eingeflogene Sicherheitsbeamte und eine sechsköpfige Familie. Alle anderen fanden in den Botschaftsbüros Platz. Ich verteilte Decken. Farag sorgte für ein Abendessen: Riesentopf Kartoffelsuppe mit Huhn. Alle waren froh über eine angstfreie Nacht. Ich selbst war um 21 Uhr so k. o., dass ich mich um die Zeit zurückzog.

Montag, 31. Januar

Die Nachtruhe wurde durch einige Anrufe unterbrochen, aber sonst war es ruhig. Heute Morgen war der treue Farag schon da und hatte Kaffee, Tee, Brot, Käse und Marmelade bereitgestellt. Es fuhren zwei Busse vor, die die Ausreisewilligen zum Flughafen bringen sollten. Sie müssen sich auf lange Wartezeiten gefasst machen. Wir haben ihnen Bananen, Wasser und Müsliriegel mitgegeben. Selbst wenn sich die Lage entspannen sollte, dauert es bestimmt eine Weile, bis die Versorgung wieder stimmt. Hani sagt, es gibt kein Benzin. Farag wird die 40 Botschaftsleute bekochen, damit sie den Kopf für wichtige Aufgaben frei haben. Ich werde mich wieder an *Al-Jazeera* hängen und später nachsehen, ob mehr Decken gebraucht werden.

Dienstag, 1. Februar

Nach wie vor gibt es kein Internet. Ich konnte mit Anais und Marisol kurz telefonieren. Für heute wurde zu einem Generalstreik aufgerufen. Man will eine Million Menschen zusammenbringen und zum Präsidentschaftspalast marschieren. Ich merke, wie ich Dinge, die sonst selbstverständlich sind, schätze: Dusche, Shampoo, Creme.

Mittwoch, 2. Februar

Ohne Kalender hätte ich das nicht mehr gewusst. Die Reise in der letzten Woche nach Oberägypten scheint 100 Jahre her zu sein. Wir wissen auch gar nicht mehr, warum wir es so wichtig fanden, nach Sohag zu fahren. Der Kopf hat einen großen blinden Fleck. Hier ist eine Art Routine in die Krise gekommen. Jeden Morgen stehen Busse der deutschen Schule vor der Tür, um Ausreisewillige zum Flugplatz zu bringen. Mubarak klammert. Gestern wurde von der Regierung alles versucht, um die Menschen davon abzuhalten, zur Massendemo zu gehen. Es wurde beispielsweise verbreitet, dass ihre Häuser nicht sicher seien. Außerdem wurden Zufahrtsstraßen und Brücken blockiert. Schienenteile wurden entfernt, sodass keine Bahn fahren konnte. Wir bekamen an der Botschaft Verstärkung. Es kamen zwei Psychologen zur Unterstützung und weitere Kollegen, die im Krisenzentrum helfen können. Bei uns wohnen jetzt zwei Beamte vom Hausordnungsdienst und die beiden Psychologen. Zwei Gästezimmer stehen Botschaftsangehörigen zur Verfügung, die zwischendurch eine Runde Schlaf oder eine Dusche benötigen. Mittags bereitet Farag ein kleines Büfett, was dankbar angenommen wird. Gestern Abend habe ich mit Michaels Fahrer Alaa el Din Pasta gekocht.

Es muss wieder eingekauft werden. Der Hausmeister nimmt Ahmed, den Hilfskoch, mit. Um Benzin zu sparen, wird darauf geachtet, dass möglichst nur ein Wagen loszieht und für alle Besorgungen macht. Heute fühle ich mich klapprig und etwas weinerlich. Es gibt Bilder in den Nachrichten, die mich tief bewegen. Das eine wurde am

Freitag gemacht: Ein paar Hundert Menschen beten auf einer Brücke und werden von Wasserwerfern absichtlich erfasst. Das andere Bild, das mich zum Weinen brachte, stammt von der gestrigen Demo: Ein muslimischer Imam und ein koptischer Priester werden jeweils auf Schultern getragen und halten sich an den Händen. Ich habe Sehnsucht nach Kommunikation mit Familie und Freunden im Ausland.

Beim Durchlesen dieser Zeilen stelle ich fest, dass ich eine nährende Funktion zu haben scheine: Essen, Trinken, Duschen, Betten und Frieden verteilen.

Nebenher erfahre ich Geschichten aus dem Krisenzentrum:

Eine Frau will dringend ausgeflogen werden, aber bitte nach Brasilien.

Eine junge Deutsche wollte solidarisch mitdemonstrieren. Sie schloss sich einer Gruppe an, und erst als sie Anti-Mubarak-Parolen rief, merkte sie, dass sie in einer der wenigen Pro-Mubarak-Demos war. Sie wurde gefangengenommen.

Ein deutsches Pärchen rief die Hotline an um zu sagen, dass sie es vor der Ausgangssperre nicht geschafft hatten, einzukaufen. Man möge ihnen doch Pizza besorgen.

Das Team an der Botschaft ist gut. Jeder Einzelne muss auf Pausen achten. Einige überdrehen und merken es nicht.

Donnerstag, 3. Februar

Seit über einer Woche bin ich praktisch nicht vor die Tür gegangen. Hier auf Zamalek könnte man durchaus auf die Straße gehen, aber alleine möchte ich nicht, und es gibt alle Hände voll zu tun. Am Donnerstag war Farag wegen der Ausgangssperre früh nach Hause gegangen. Er hatte einen Topf Pasta für circa 25 Personen zubereitet. In der Botschaft traf ich auf mehrere Personen, die keine Zeit gehabt hatten, sich auf die Essensliste zu setzen.

Es war am späten Nachmittag, als Michael mir sagte, drei Fernsehteams fühlten sich bedroht und wollten die Nacht bei uns in der Residenz verbringen. Insgesamt elf Personen. Alle kamen gleichzeitig an. Während ich einen weiteren Topf für Pasta aufsetzte, zählte ich die Sofas und möglichen Schlafstellen im Haus. Jemand brauchte das Passwort für das WLAN. Einer hatte irgendwo sein Handy verlegt. Genau an dem Tag war ein Team der Botschaft zur Bank gefahren, um Geld abzuheben. Man legte ihnen nahe, Militärschutz zu nehmen. Davon hatte ich nichts erfahren. Gerade als ich zur Kanzlei ging, um mich nach dem vermissten Handy zu erkundigen, kam der Botschaftsgeldtransport hereingefahren. Gleich hinterher das schwerbewaffnete Militärfahrzeug. Es fuhr unplanmäßig nicht nur bis zum Tor, sondern auch durch die erste Schleuseneinfahrt. Ich war nicht die Einzige, die dachte, es sei ein Überfall. Unser Botschaftspolizist schaffte Klarheit und Ruhe innerhalb von Sekunden. Aber der Schreck saß mir noch in den Knochen.

Ein europäischer Botschafter fühlte sich bedroht und

Michael bot ihm gestern an, zu uns zu ziehen. Und nun kam ich gerade hinzu, als ein Deutscher Michael mitteilte, er wolle zwar ausfliegen, habe aber zwei große Hunde. Michael sagte: »Bringen Sie sie her! Herzlich willkommen!«, und ging in sein Büro. Mir fiel die Kinnlade herunter. Ich erkundigte mich nach den Hunden. Der Besitzer erzählte, es seien zwei Jagdhunde, die sie leider sehr verwöhnt hätten. Sie seien es gewohnt, drinnen zu wohnen und auf Sofas zu schlafen. Ich erlaubte mir, die Hunde abzusagen. Als ich es Michael telefonisch mitteilte, merkte ich, wie aufgewühlt er war. Kein Wunder! Ich ging in sein Büro, und wir nahmen uns zwei Minuten Zeit, uns einfach zu umarmen. Dann ging ich wieder in die Küche.

Im Stil einer Jugendherberge stellte ich mithilfe von Michaels Fahrer Teller und Besteck auf. Man bediente sich direkt aus den Töpfen und setzte sich an den großen Residenztisch. Die Journalisten waren als Erste vor Ort. Viele hatten seit Tagen nichts Warmes mehr gegessen. Sie bedienten sich und nahmen noch einen zweiten und dritten Nachschlag. Wir öffneten eine große Dose serbische Bohnensuppe, damit keiner leer ausging. Bei einem Glas Wein und Schokolade, die bekanntlich glücklich macht, erzählten sie ihre Erlebnisse. Eine Journalistin sagte, es sei ihr egal, worauf sie schlief. Sie seien vom Geheimdienst festgehalten worden, hätten die ganze vergangene Nacht mit verbundenen Augen auf Gartenstühlen verbracht und pausenlos die Schreie der Gefolterten gehört, immer in der Angst, als Nächstes dran zu sein. Ich merkte, wie erschüttert und betroffen mich das machte. Dabei hatte ich kaum Zeit gehabt, Nachrichten zu sehen. Ich zeigte ihnen die verschiedenen Schlafmöglichkeiten und zog mich zurück.

Am Freitagmorgen wartete schon der Schulbus-Konvoi. Wieder versorgte ich alle mit Frühstück. Dann war Abschied. Ich konnte gerade noch dem letzten Bus nachwinken, als mir schon die Tränen kamen. In meinem Büro ließ ich los und erlebte für zwei Stunden eine richtige Katharsis. Der Stau der letzten Tage musste raus. Danach ging es mir wieder gut. Farag hatte frei und Ahmed bereits das Mittagessen zubereitet. Als besonders viele beim Essen saßen, holte ich Ahmed, und er bekam einen großen Applaus.

Vor 17 Uhr mussten Ahmed und Hani das Haus verlassen, um vor der Ausgangssperre zu Hause zu sein. Sie halfen trotzdem bei der Zubereitung für das Abendessen. Wir beschlossen einen Reissalat und eine Blumenkohlsuppe zu machen. Alles musste schnell gehen. Hani begann Zwiebeln zu braten. Wir witzelten darüber, dass das seine Frau niemals glauben würde. Während ich die Blumenkohlröschen anbriet, öffnete Hani die Thunfischdosen und zack, sie landeten im Reis, aber leider mit Lake! »Nur ein bisschen«, sagte er verlegen. Nun brauchte ich Wasser für den Suppentopf. Er holte schnell eine Kanne und kippte sie zum Blumenkohl: noch zu wenig. Er holte rasch eine zweite und kippte sie hinterher: gut, aber noch ein bisschen wäre besser. Während er noch eine halbe Kanne Wasser holte, rührte ich im Reissalat. Hani kam und kippte das Wasser in den Reissalat anstatt in den Suppentopf. Ich fühlte mich wie in einer Zirkusnummer und bekam einen Lachkrampf! Ahmed versuchte, eine Mayonnaise zu rühren, aber es misslang. Nun mussten sie aber schleunigst (und vermutlich auch gerne) weg. Zurück blieb eine Großküche im Chaos. Zu Hilfe eilten mal wieder Alaa el Din und Mohammed Gamal.

Mohammed arbeitet als Sicherheitsangestellter, ist aber eigentlich Koch. Er rettete die Mayonnaise. Der Reissalat hatte zu viele Unfälle erlitten, um wirklich gut zu sein. Es war das erste Mal, dass kaum jemand nachnahm und sogar etwas übrig blieb.

Sonntag, 6. Februar

In der Nacht war es so ruhig, dass ich zum ersten Mal in Ägypten Vogelgezwitscher wahrnahm. Ich werde etwas langsamer treten. Vor ein paar Tagen hatten wir dem *Kempinski*-Hotel Vorräte abgekauft. Als ich heute Morgen durch die Kühlschränke schaute, traf mich fast der Schlag. Zwei der sieben Kühlschränke waren voller Eier. 900 Stück! Ich beriet mit der Botschaft, und es wurde beschlossen, sie an die Ortskräfte zu verteilen.

Wie es dazu kam, dass die *Bild*-Zeitung erfuhr, dass ich die Journalisten und Botschaftsmitarbeiter mit Essen versorge, weiß ich nicht. Jedenfalls erscheine ich heute in einer kleinen Kolumne als »Gewinner« des Tages unter Tops und Flops. Michael wurde für das deutsche Fernsehen interviewt. Es kommt leider viel Kritik. Die positive Leistung fällt unter den Tisch und gesehen wird nur, was schiefging.

An diesem Sonntag brettert ein Helikopter alle paar Minuten über uns hinweg. Ansonsten scheint sich die Lage etwas beruhigt zu haben. Die Banken werden für einige Stunden öffnen. Die Ausgangssperre wird gelockert. Da man aber die Krise noch nicht offiziell für beendet erklären kann, wurden wir vom Auswärtigen Amt neu versorgt. Es kamen 16 neue Mitarbeiter. Davon mehrere Bodyguards. Lauter schmucke Jungs. Um Michael auf den Arm zu nehmen, fragte ich ihn, ob ich auch so einen Personal Trainer bekomme. Er hat noch nicht geantwortet … Gestern Abend wurde auch eine Notfalllieferung in unsere Garage geräumt. Die Idee ist, gerüstet zu sein, falls doch noch alles umkippt.

Damit könnten an die 100 Personen ein paar Wochen im Areal der Botschaft überleben: Trinkwasserfilter, Notfallboxen mit Essen in Dosen und eine unglaubliche Menge Teigwaren! Die Ägypter verlieren selbst in Krisenzeiten nicht den Sinn für Humor: Als Mubarak gesagt wird, es sei die Zeit gekommen, sich vom ägyptischen Volk zu verabschieden, antwortet er: »Wieso? Wo gehen die denn hin?«

Donnerstag, 10. Februar

Es wird versucht, Normalität zu schaffen. Die Menschen sind gespalten: Einige finden, es reicht. Aber besonders diejenigen, die nach wie vor auf dem Tahrir-Platz ausharren, wollen Veränderungen sehen und nicht nur mit Worten vertröstet werden. Außerdem wissen sie nicht, was ihnen geschieht, wenn sie den Platz verlassen. Die Regierung verbreitet, dass das Land in Chaos versinkt, wenn Mubarak stürzt. Sie tut auch alles, damit es so eintreffen wird. Sie lassen Gefangene frei und sagen dann: »Unter den Gefangenen sind auch Terroristen. Wenn wir nicht mehr auf euch aufpassen, könnt ihr euch auf etwas gefasst machen!« Gestern war ich zum ersten Mal mit zwei Freundinnen mittags im Garten des *Marriott*-Hotels. Es tat gut, sich auszutauschen und mal richtig zu lachen. Wir trafen mehrere Bekannte. Lauter Damen mit großen Ohrringen und *Hermes*-Halstüchlein. Sie treffen sich, um gemeinsam, mit Fahnen bestückt, auf die Demo zu marschieren. Die heutige Demo ist von Medizinern, Apothekern und Co. geplant. Am Freitag wird wieder eine Massendemo erwartet.

Montag, 14. Februar

Unglaublich, wie es hier zuging! Nachdem Mubarak in seiner Rede nicht abdankte, brach Wut aus. Jeder Einzelne war wütend: »Hat er denn gar nichts verstanden?« So ein Gefühl potenziert sich in der Menge und jeder fürchtete, Ägypten würde explodieren. Aber die Menge kam am Freitag wieder zusammen und schaffte es, so lange friedlich zu demonstrieren, bis Mubarak schließlich abdankte. Die Militärs werden sehr geschätzt. Man sieht wieder rührende Bilder. Ein Soldat hält ein Baby im Arm und küsst es auf den Kopf …

Zurück zur Normalität. Aber wie normal ist diese Normalität? Ab wann kann man den Landsleuten empfehlen, wieder hierherzukommen? Das fragen sich wohl alle Botschafter im Moment.

Lagebericht Ägypten – Das neue Bild von sich selbst genießen

Mit freundlicher Genehmigung von Volker Heins, Wissenschaftler am Institut für Sozialforschung in Frankfurt.

Die Jugend Kairos feiert den Sieg der noch jungen demokratischen Volksbewegung und guckt sich Bilder der Revolution auf Youtube an. Im Augenblick treffen sich Vertreter verschiedener Strömungen in informellen Runden, um eine neue politische Kultur zu etablieren. Mal sehen, wie es weitergeht. Auch in der zweiten Februarhälfte sieht man in der Innenstadt von Kairo viele Soldaten und Panzer, aber kei-

ne Polizei. Taxifahrer beschweren sich, dass sich niemand mehr an die wenigen Verkehrsregeln hält, die es überhaupt gibt. Ausländer trifft man allenfalls im vornehmen Viertel Zamalek, wo es bis vor Kurzem auch Bürgerwehren gegen Plünderer gab. Ab Mitternacht gilt immer noch eine Ausgangssperre. Universitäten und Schulen sind geschlossen. Die deutsche Botschaft nennt die Sicherheitslage »unübersichtlich« und rät weiterhin von Reisen ins Land ab. An manchen Kreuzungen regeln junge Leute mit Armbinden in den Farben der ägyptischen Nationalflagge den Verkehr. Am Freitagabend errichten nicht Polizisten Checkpoints auf den Zufahrtsstraßen zum Tahrir-Platz, um Bürger von einer weiteren Massenversammlung fernzuhalten, sondern es sind Zivilisten, entschlossen, die Polizei auf Distanz zu halten. Studenten der Amerikanischen Universität berichten von zivilen Checkpoints auch in anderen Teilen der Stadt. In der Zeitung Al-Ahram steht, dass unbestätigten Berichten zufolge in den Wochen vor dem Sturz des Diktators Mubarak neben über 300 Protestierern auch 200 Sicherheitskräfte getötet worden seien, vor allem außerhalb der Hauptstadt. Die demokratische Volksbewegung in Ägypten trägt Züge einer klassischen Revolution und ist doch ganz anders. Klassisch ist das Muster, dass von einem bestimmten Punkt an die Propaganda des alten Regimes niemanden mehr überzeugte und die Gewalt niemanden mehr einschüchterte. Neu ist das Ausmaß, in dem Propaganda und Gewalt von vielen Einzelnen, zumal den Kindern der urbanen Mittelschicht, als unverzeihliche persönliche Beleidigung wahrgenommen worden sind. Auf die Frage, was ihn in der jüngsten Zeit am meisten empört hat, antwortet ein junger Mitarbeiter einer internationalen IT-Firma mit dem Hinweis auf die Bilder vom Sonnenuntergang über dem Nil, die das staatliche Fernsehen ausstrahlte, als zur selben Zeit Ägypter ihr Leben für die Freiheit riskierten.

Staatliche Propaganda läuft leer, sobald eine genügend große Zahl von Bürgern über Internetanschlüsse verfügt. Mehr noch: Bevölkerungsgruppen, die schon von Berufs wegen gut vernetzt und kooperationsorientiert sind, reagieren deutlich gereizter als andere auf den Versuch, sie für dumm zu verkaufen. Das Phänomen Facebook kann die ägyptische Revolution nicht erklären, obwohl das treibende Motiv für die zumeist jungen, gut ausgebildeten Pioniere der Demokratiebewegung tatsächlich etwas mit der Neuschaffung von Selbstbildern zu tun hat. Das Leben unter Mubarak war entwürdigend, fasst Ahmed Abdelnabi, Mitglied der soeben gegründeten Menschenrechtsinitiative Ma'aan (Gemeinsam), die Meinung vieler zusammen. Ausländer seien die einzigen gewesen, die bestimmte Schutzrechte genossen hätten, weil das Regime an einem positiven Image im Ausland interessiert gewesen sei. Wer nachts auf der Straße vor der Willkür der Polizei sicher sein wollte, tat gut daran, einen ausländischen Gast als Begleitung bei sich zu haben. Ein Ziel der Bewegung bestand darin, das auf diese Weise kultivierte Bild Ägyptens als einer »gemäßigten« Diktatur zu zerstören. Andere haben sich das Ziel gesetzt, Feindbilder zu bekämpfen. Im Al-Azhar-Park treffe ich bei einer Siegesparty eine Gruppe junger Ägypter (darunter zwei Frauen), die internationalen »Couchsurfern« kostenlose Übernachtungen anbieten. Neben der Revolution wird Couchsurfing gefeiert als eine posttraditionelle Form orientalischer Gastfreundschaft und Vorgriff auf eine Welt, in der Fremde ungeachtet ihrer Herkunft neugierig machen. Ein junger Anwalt weist mich ausdrücklich darauf hin, dass auch israelische Couchsurfer gelegentlich auf ägyptischen Privatsofas übernachten.

Warme Decken für die Nacht

Einige berichten zudem von einer wiederkehrenden Kontrasterfahrung: All die müden und hungrigen Reisenden aus mysteriösen Gegenden wie Litauen oder Rumänien kannten im Unterschied zu den Ägyptern das Gefühl, wie es ist, verbriefte Rechte zu haben und zu lieben, was und wen sie wollten. Zahllose solcher kleinen Begegnungen nährten in der Brust vieler Ägypter ein neues schmerzhaftes Gefühl: Sie begannen, ihr eigenes Land irgendwie peinlich zu finden. Viele der jungen Aktivisten spielen die Gefahr herunter, die von den Muslimbrüdern ausgeht. Allerdings haben sich die Muslimbrüder, deren religiöser Fundamentalismus weithin abgelehnt wird, in den »Tagen des Zorns« einigen Respekt bei den Söhnen und Töchtern der Mittelschicht verdient. Das liegt vor allem an den organisatorischen und logistischen Fähigkeiten sowie an der Nervenstärke, die die gläubigen Muslime auf dem Tahrir-Platz und an anderen Schauplätzen der Gewalt gezeigt haben. »An alles wurde gedacht«, schwärmt ein arabischer Mitarbeiter des Goethe-Instituts. Tagsüber gab es Feldküchen und nachts warme Decken. Mütter mit Kindern wurden in der relativen Sicherheit der Mitte des Platzes konzentriert. Und wer an Rückenproblemen litt, dem haben emsige Muslime das Ausgraben von Pflastersteinen zum Werfen auf die anrückende Polizei abgenommen. Heute genießen die Ägypter das neue Bild in den Medien, das sie von sich selbst erzeugt haben und das so ganz anders ist als das Klischee von der »arabischen Straße«. Die Revolution wird als Videoclip verfolgt, während sie noch in vollem Gange ist. Abends in den Straßencafés sitzen Männer und häufig auch traditionell gekleidete Frauen, die Minztee trinken, Shishas rauchen und andächtig oder auch feixend Youtube-Videos anschauen, von denen es inzwischen Tausende im Netz gibt. Dieses neue, von einer Bilderflut getragene Selbstgefühl der Ägypter ist als solches bereits eine Errungenschaft der Revolution. Der Revolution ging ein Autoritätsverlust von Eltern und Lehrern voraus, die nicht länger als unbestreitbare Quellen glaubwürdiger Informationen über die Welt betrachtet wurden. An ihre Stelle traten Blogs, der Austausch mit Kommilitonen und Facebook-Freunden oder die Texte des Amerikaners Gene Sharp über gewaltfreien Widerstand. Andere ausländische Instanzen haben von sich aus und vor Ort Hilfe angeboten. In ganz überraschender Weise ist auch die deutsche Botschaft seit den entscheidenden Tagen der anschwellenden Massendemonstrationen aktiv.

Übung in Demokratieförderung

Zur selben Zeit, als die politischen Stiftungen sämtlicher Parteien und das Goethe-Institut ihre deutschen Mitarbeiter evakuierten, hat die Botschaft viel mehr getan, als sich nur symbolisch auf die Seite der Demonstranten zu stellen. Durch die Initiative und das Gespür eines einzelnen hochrangigen Diplomaten ist in kurzer Zeit ein Netzwerk entstanden, das womöglich mehreren Ägyptern das Leben gerettet hat. Der Diplomat, im früheren Leben einmal Mitglied des Frankfurter SDS, hat bei den lokalen Vertretern von Siemens, der Commerzbank und anderen beträchtliche Spenden gesammelt und gemeinsam mit ägyptischen Ärzten die Bestände ganzer Apotheken an Medikamenten und Verbandsmaterial aufgekauft und weitergeleitet.
Als die alte Regierung die elektronischen Netze lahmlegte, wur-

den als Schwangere getarnte Frauen mit Nachrichten und Anweisungen durch die Polizeisperren geschleust. Einige Schwerverletzte wurden in deutsche Krankenhäuser ausgeflogen – die notwendigen Visa konnte man ja gleich im selben Haus ausstellen.

Auch der Umstand, dass die ägyptische Revolution nicht eine politische, sondern die physische Säuberung der Straßen und Plätze der Hauptstadt nach sich gezogen hat, hängt ein bisschen mit der revolutionären Zelle in der Nachbarschaft der deutschen Botschaft zusammen. Während die Initiative zum Großputz von ägyptischen Jugendlichen ausging, wurden die Farben, Plastikhandschuhe und die Entsorgung der Müllbeutel von der Botschaftsgruppe spendiert. All das konnte geschehen, weil es interpretiert werden konnte als zwar eigenwillige, aber durchaus regierungskonforme Übung in praktischer Demokratieförderung.

Die pausenlosen, oft gefährlichen Einsätze haben der deutschen Botschaft bei bestimmten Kerngruppen der demokratischen Bewegung in Kairo ein enormes moralisches Prestige eingetragen. Etwa zweimal pro Woche finden inzwischen informelle Zusammenkünfte mit Vertretern verschiedener Strömungen statt, von denen niemand älter als 30 Jahre ist. Hier übt man die Bildung von neuen Parteien und Schattenkabinetten. Repräsentanten der keineswegs homogenen Muslimbrüderschaft, der bei freien Wahlen nicht mehr als 20 bis 25 Prozent der Stimmen zugetraut werden, sind auch dabei – eher zum Leidwesen einiger säkularer Ägypter, die lieber unter sich bleiben würden. Demnächst wird das Goethe-Institut hinzustoßen, deren Leiterin Gabriele Becker von Kairo aus die auswärtige Kulturpolitik Deutschlands im gesamten Nahen Osten koordiniert. Zügig geplant werden die Unterstützung von Ver-

lagsneugründungen und die Übersetzung von Texten über Demokratie, Rechtsstaat und Kriegsprävention ins Arabische. Ein anderes reizvolles Projekt ist die Gründung einer freien Filmschule und die Einrichtung einer Plattform für junge ägyptische Filmemacher. Ob all das gut geht, wird davon abhängen, ob die bisher nur gefühlte Revolution der Ägypter bald in robuste demokratische Strukturen überführt werden kann.

Volker Heins ist Wissenschaftler am Institut für Sozialforschung in Frankfurt und lernt zur Zeit Hebräisch in Jerusalem, von wo aus er nach Kairo reiste.

Informationssplitter

Jemand filmt mit dem Handy, wie Menschen sich vom Dach des Ägyptischen Museums abseilen und einsteigen. Eine Stimme sagt: »Sie brechen ein! Wir müssen die Polizei benachrichtigen!« Eine andere Stimme antwortet: »Das IST die Polizei!«

Wer während der Revolution am besten mit den Polizeiübergriffen klarkam, waren die Fußballfans vom Al-Ahly-Verein. Sie haben ihre Erfahrungen mit viel Polizeiaufgebot nach Fußballspielen gemacht. Von ihnen kam die Idee, die Schilder der Polizisten mit Farbbeuteln so zu bespritzen, dass die Polizei, um überhaupt etwas zu sehen, darüber schauen musste und sich so verletzlich machte.

Eine bekannte, ältere Dame, die immer in wunderschönen langen Tuniken herumläuft, überwand ihre Angst und probierte, den Polizisten die Wasserwerfer abzudrehen. Leider waren sie zu fest zugedreht.

Gegen Steinwürfe schützten sich die Protestierenden kreativ. Sie banden sich Töpfe, Pfannen und Eimer oder leere Plastikflaschen auf den Kopf.

Kleine Hilfe: Die Notfallklinik am Tahrir-Platz wurde von Freiwilligen, aber auch von der deutschen Botschaft mit Medikamenten versorgt. Pinsel, Farben und Besen, um den Platz hinterher zu verschönern, kamen auch von der Botschaft. Und die Gerüchte sagen, selbst das Feuerwerk, das gezündet wurde, als Mubarak zurücktrat, hätte die Botschaft besorgt.

Das Gefühl von Gemeinsamkeit war überall zu spüren.

Während Muslime beteten, wurden sie von Kopten geschützt und umgekehrt.

Ein Beamter, der in der Krisenzeit zur Verstärkung in die Botschaft kam, brachte einen besonders schönen Stein in sein Hotel. Als er damit am Durchleuchtungsgerät am Eingang stand, bemerkte der Sicherheitsbeamte: »Ah, vom Tahrir!«

Eine Polizeistreife wurde von der Bürgerwacht kontrolliert: Sie mussten den Kofferraum öffnen und alle, auch der Major, mussten ihre Ausweise zeigen. Die Polizisten erzählten, sie hätten für die kurze Strecke zweieinhalb Stunden gebraucht, weil sie 16-mal kontrolliert worden seien.

Die Bürgerwacht war von Tag zu Tag besser organisiert. Sie waren mit Golfschlägern, Küchenmessern oder Staubsaugerrohren bewaffnet. Es gab jeden Tag ein neues Passwort, um durch die Straßensperren zu kommen. Eine befreundete Familie opferte ihren Tannenbaum, um damit eine weitere Straßensperre zu errichten. Kontrollierte Wagen wurden markiert, zum Beispiel indem einer der Scheibenwischer aufgestellt wurde.

Ein Mann taufte sein während der Revolution geborenes Töchterchen auf den Namen »Facebook«.

»Tanzend Kochen«

Eine Botschaftsmitarbeiterin stand kurz vor ihrer Versetzung und bat mich, ein paar meiner Rezepte abschreiben zu dürfen. Eines Tages, während der langen Stunden der Ausgangssperre, beschloss ich für sie meine »Renner« aufzuschreiben. Rezepte vom Typ »wenig Aufwand, große Wirkung«. Es packte mich ein Kreativitätsschub und es entstand ein Buch mit etwa 24 Rezepten. Ich ließ zehn Exemplare drucken. Später fand ich, dass schöne Fotos unbedingt dazu gehören. Dafür sprach ich die Fotografin Christina an, eine Freundin unserer Tochter. Wegen einer bevorstehenden längeren Reise hatte sie nur am nächsten Tag Zeit. Farag kochte Gericht um Gericht nach und sandte sie im Speisenaufzug in den zweiten Stock. Da drapierte ich die diversen Speisen, dekorierte die Teller, und Christina fotografierte. Es musste rasch gehen, weil wir das schöne Licht ausnutzen wollten. Es machte uns beiden viel Spaß. Während wir auf das jeweils nächste Gericht aus der Küche warteten, aß Christina mit Wonne die soeben fotografierte Speise. Es wurde ein hübsches, kleines Kochbuch, das ich gerne ab und zu nachdrucken lasse, um es zu verschenken.

29. April

Gestern wollte ich mit Anais nach Malaysia fliegen. Der Flug ging von Kairo nach Bangkok und mit Umsteigen von dort nach Kuala Lumpur. In Kuala Lumpur Gepäck rausholen, neu einchecken nach Kuantan, dann knappe zwei Stunden Fahrt nach Rompin, zu meiner Schwester Steffi.

Von zu Hause kamen wir zeitig weg. Hani fuhr. Die Straßen waren voll, aber der Verkehr rollte. Auf der Brücke, kurz vor unserem Terminal, stauten sich jedoch die Autos. Seit der Revolution werden die paar vorhandenen Regeln gar nicht mehr respektiert. Jeder stellt irgendwo sein Auto ab, um Passagiere und Koffer auszuladen. Wir waren gezwungen, mitten auf der Straße auszusteigen. Aus Rücksicht auf die kommenden Wagen beeilten wir uns. Dabei blieb Anais Handy auf dem Rücksitz liegen. Sie merkte es gleich, aber wir sahen Hani schon um die Ecke fahren. Ich rief ihn an: besetzt! Bestimmt gab er seiner Frau gerade Bescheid, dass er uns früher als erwartet losgeworden war und bald nach Hause kommen würde. Als ich endlich zu ihm durchkam, war er schon so weit gefahren, dass er nicht zu Fuß zu erreichen war. Er kehrte bei der nächstmöglichen Gelegenheit um. Es dauerte eine weitere halbe Stunde. Endlich kam er, parkte, übergab Anais ihr Telefon und konnte uns mit dem Gepäck zur ersten Kontrolle begleiten. Der Polizist blätterte in unseren Pässen, während er mit Anais flirtete. »Inti gamila«, sagte er – Du bist schön. Wir gingen mit den Koffern zum Schalter. Die Schlange war lang, und wir hatten doch ganz schön viel Zeit verloren. Ein Beamter ließ uns vor.

Er kontrollierte die Pässe und erst da stellten wir ungläubig fest, dass ich versehentlich Michaels Pass dabei hatte!

Anais telefonierte mit Michael, damit er meinen Pass suchte. Ich telefonierte mit Hani und wies ihn an, so schnell wie möglich nach Hause zu fahren und mich von da aus anzurufen. Nach kurzer Zeit war es klar, dass wir diesen Flug nicht mehr schaffen würden. Ein weiterer Beamter buchte uns für einen kleinen Aufpreis auf den morgigen Flug um. Ich rief erneut Hani an und wollte ihm sagen, dass er sich nicht mehr beeilen muss, dass ich den Pass nicht brauche, dass wir mit dem Taxi nach Hause fahren und morgen fliegen. Da sagte er, er sei wegen des Staus nicht weit gekommen und könne uns sofort abholen!

Mit dem Gepäck und der neuen Buchung unter dem Arm ging es zum ersten Sicherheitsposten zurück. Als der Chef der Sicherheitspolizei erfuhr, dass man mich mit dem Pass meines Mannes durchgelassen hatte, wollte er, dass wir den Polizisten identifizieren, weil er bestraft werden müsse. Das wollten wir nicht. So beschrieb Anais »hilfsbereit« die Uniform des Polizisten, sagte, er habe schwarze Haare und sei zwischen 150 und 185 Zentimeter groß. Wir identifizierten niemanden. Inzwischen war Hani da. Der Polizeichef wurde ganz weich, als ich ihm sagte, der Polizist habe mit meiner Tochter geflirtet. »Ja, das war wohl das Problem, das leuchtet mir ein.«

Unterwegs nach Hause klingelte Anais Handy: »Zur Erinnerung: Morgen Flug nach Malaysia.«

PS: Im Nachhinein stellte sich heraus, dass Steffi sich nicht wohl fühlte, einen Arzttermin brauchte und für den Extratag ohne uns direkt dankbar war.

Leichtblütig

D*amm hafief* heißt »leichtes Blut« und bedeutet humorvoll, lustig.

Ein engagiertes Mitglied der deutschen Gemeinde in Kairo möchte sich stärker um die deutschen Senioren im Land kümmern. Es findet regelmäßig ein Seniorentreff statt, und wir korrespondierten zu dem Thema per Mail. Ich stellte bei der ersten Mail fest, dass er als Betreff »Senoirentreff« geschrieben hatte. Mails gingen hin und her, und eines Tages hatte er selbst den Fehler bemerkt. Ich musste lachen, denn nun stand im Betreff: »Senirentreff«. Wieder mailten wir mehrmals über Organisatorisches hin und zurück, bis er auch diesen Fehler entdeckte. Als ich im Betreff »Seniorenterff« las, konnte ich mich vor Lachen nicht mehr beruhigen. Hala guckte öfter besorgt um die Ecke, denn ich saß mir den Bauch haltend und mir liefen die Tränen. Puh!

Ein wunderbares Wort im Arabischen ist »Mabruk«. Es ist eine Gratulation zu einmaligen, besonderen Ereignissen wie Hochzeit, Diplom, der Geburt eines Kindes und wird bei Käufen gewünscht. Vor einigen Monaten war ich mit Hani und Farag zum Großeinkauf bei der *Makro*, der ägyptischen Entsprechung von *Metro*. Neben der Tür zur Fleischabteilung hingen für die Kunden große, wattierte Jacken mit einem überdimensional großen Schriftzug *Metro* auf dem Rücken. So ist es trotz der niedrigen Temperatur möglich, in Ruhe einzukaufen. Ich zog so ein scheußliches Teil an. Die Ärmel waren zu lang und ich fühlte mich wie eine Vogelscheuche. Als ich so auf Hani und Farag zuging, sagte der Koch: »Mabruk«, als hätte ich die Jacke gekauft. Damm hafief.

Rufus war krank. Eine ganze Nacht lang übergab er sich und wurde immer winziger. Anais rief den ihr bekannten Tierarzt an. Sie gab ihm die Adresse mit Hausnummer, ohne zu sagen, dass es die Residenz des Botschafters ist. Der Arzt fuhr sofort los. Ich gab den Sicherheitsleuten Bescheid und sobald er da war, wurde er direkt die Treppe hochgeschleust und konnte sich um Rufus kümmern. Der kleine Hund kam an den Tropf und wurde mit vielen Decken warmgehalten. Als er einigermaßen stabil war, konnte der Arzt eine kleine Pause machen und fragte: »Wo bin ich hier eigentlich?« Anais antwortete: »In Deutschland, ganz ohne Visum!«

Geburtstag

Anais hat eine Überraschungsgeburtstagsparty für mich organisiert, und ich habe nichts gemerkt. Es fiel mir nur auf, dass sich unser Personal merkwürdig benahm.

Sie fremdelten, sahen mir nicht in die Augen, gingen mir aus dem Weg. Natürlich waren sie in den Plan eingeweiht. Sie haben manchmal das Gefühl, ich könnte Gedanken lesen und vermieden deswegen lieber den Kontakt zu mir. Hahaha! Anais hat mich völlig an der Nase herumgeführt. Michael hatte ein offizielles Abendessen und Anais, Ahmed und ich wollten zu dritt in ein kleines französisches Lokal gehen. Aber … Anais musste vorher bei Lisa etwas abholen. Dann rief Lisa an. Sie sagte, sie hätte ein Fläschchen Sekt kaltgestellt, und wir sollten doch auf einen Schluck vorbeikommen, bevor wir ins Lokal gingen. Vom Haupteingang des Gebäudes aus rief Anais Lisa an und sagte: »Wir sind vor der Tür. Seid ihr im zwölften oder im elften Stock?«, was mich etwas wunderte, denn Anais war schon öfter dort gewesen und außerdem stand der Wächter zwei Schritte neben uns. Na ja … ich ahnte nichts Böses. Oben angelangt, öffnete Lisa die Tür, ihr Sohn spielte *Happy Birthday* und im Wohnzimmer standen 25 Leute, die ich alle sehr, sehr mag und die sangen. Eine super Stimmung! Alle waren froh, dass sich niemand verplappert hatte.

Dezember 2011
Maracuya

Maracuya ist auf spanisch der Name einer Passionsfruchtsorte und so heißt die Oase von Steffi und Stephen in Malaysia, in der ich im April schon mit Anais war und wo wir fast jährlich Urlaub machen. Sie liegt umgeben vom Dschungel direkt am Meer. Der nächste Ort ist Rompin und kann mit dem Auto in 20 Minuten erreicht werden. Die Anlage besteht aus einem dreistöckigen Gebäude, in dem die beiden fest wohnen und aus einem Gästetrakt mit sieben großzügigen Zimmern. Vor ein paar Monaten wurde der langersehnte Pool fertig. Da lud Stephen Freunde und Verwandte ein, seinen 60. Geburtstag und ein paar Tage darauf Weihnachten zu feiern.

Wir flogen in 13 Stunden von Kairo nach Kuala Lumpur und von da mit einem gecharterten Minibus in circa fünf weiteren Stunden nach Maracuya. Michael hatte die geniale Idee, unseren Koch Farag zu fragen, ob er in seinem Urlaub mitkommen wollte und so Steffi und auch mich zu entlasten. Für Farag war es die erste Reise, der erste Flug überhaupt. Er hielt sich tapfer.

Einige Gäste waren schon da, weitere kamen in den nächsten Tagen dazu. Die meisten kannten sich noch nicht. Wir wollten Stephen etwas Unvergessliches bieten und grübelten kichernd mit seiner Schwester, während wir uns gemütlich im und um den Pool tummelten.

Mit Steffi zusammen deckte ich im Esszimmer einen großen Tisch für 22 Personen. Wir dekorierten mit Maracujaranken und deren erster Ernte. Farag zauberte ein hervorragendes Abendessen. Unsere Überraschung für Stephen bestand darin, dass wir sechs unterschiedliche Desserts zubereitet hatten. Auf jedem waren zehn Kerzen. Das erste Dessert wurde hereingetragen, wir sangen, Stephen blies – etwas verwirrt über die Zahl – die zehn Kerzen aus und Michael hielt eine kleine Rede. Gerade als Stephen den Kuchen anschneiden wollte, wurde er ihm weggezogen. Die Tür ging auf und das zweite Dessert wurde hereingetragen. Wir sangen, Stephen blies die Kerzen aus, jemand hielt eine Rede, die Crêpes kamen weg, und das nächste Dessert kam herein. Am Ende waren alle Desserts auf einem Tisch und Stephen durfte noch einmal alle Kerzen gleichzeitig ausblasen. Das wird er tatsächlich nicht so bald vergessen!

Es folgten zeitlose Tage, und dann kam der 24. Dezember. Einige Gäste waren abgereist, ein paar neue hinzugekommen. 18 Menschen waren da. In Maracuya gibt es ein großes Wohnzimmer mit Kamin. Unsere Töchter dekorierten einen Kunstbaum so schön, dass man vergaß, dass er nicht echt wahr. Die großen Sofas wurden etwas auseinandergeschoben. Auf dem Boden lagen mehrere Teppiche nebeneinander und große Kissen wurden überall darauf verteilt.

Wieder war das Esszimmer festlich dekoriert. Alle waren schön. Farag sah mit seiner weißen Kochuniform, rotem Schal um den Hals und einer froschgrünen Schürze aus wie ein zweibeiniger Tannenbaum. Er brachte einen saftigen Truthahn auf den Tisch.

Das Spiel

Keiner von uns wollte auf eine Bescherung verzichten. Ich hatte Stephen ein paar Wochen vor der Reise von einem Geschenkwürfelspiel erzählt. Jeder kauft ein gutes Geschenk. Einfach etwas Nettes, was ihm selbst Spaß machen würde. Also nichts Übertriebenes, aber auch kein Fünf-Euro-Teil. Stephen schickte eine Rundmail an alle Gäste. Wir kannten das Spiel noch nicht und waren gespannt. Es war ein Versuch. Unsere Töchter entwarfen die Regeln. Alle nahmen im Wohnzimmer Platz. Die Weihnachtsmusik war jazzig oder von den Beach Boys, eben tropisch. Auf dem Couchtisch türmten sich 18 Geschenke. Nun gingen fünf Würfel reihum. Jeder mit einer Doppelzahl durfte schon mal ein Geschenk nehmen, musste es aber eingepackt lassen. Es dauerte nicht lange, da hatte jeder ein Päckchen auf dem Schoß. Zwei Freiwillige wurden ernannt. Der eine würfelte eine Zahl. Es war die Drei. Der andere musste rechts oder links sagen und entschied sich für rechts. Also wurde jedes Päckchen rechtsherum drei Plätze weitergereicht. Nun packte einer nach dem anderen sein Paket aus und zeigte es allen. Es kam die Ansage, dass wir insgesamt drei Runden würfeln würden. Wer eine Doppelzahl bekam, konnte entscheiden, ob er sein Geschenk behielt und zufrieden aus dem Spiel ausstieg, oder ob er sich jemanden aussuchte, der ein interessanteres Geschenk hatte. Mit ihm tauschte er dann. Es entstand ein witziges Hin und Her. Eine Kuscheldecke war das beliebteste Geschenk und wechselte oft den Besitzer. Ich war froh, in der letzten Runde fünf riesige, edle Schokoladentafeln gegen eine Laptoptasche tauschen zu können. Steffi erwischte ganz beglückt eine DVD-Serie von *National Geographic.* Michael würfelte um Bleistifte und ein biegbares Lineal, das er wunderbar für seine Steinarbeiten brauchen kann. Die Schokolade landete bei Stephen. Jemand hatte seine eigene Flasche Portwein zurückerobert und öffnete sie gleich. Das war das Ende vom eher weihnachtlichen Teil der Party.

2012
Dahabeya

Eine »Dahabeya« ist ein Nilsegelboot, wie es in Agatha Christies *Tod auf dem Nil* vorkommt: mit zwei Masten und vier bis neun Kabinen. Seit wir in Ägypten sind, stand eine Nilreise mit so einem Schiff ganz oben auf meiner Liste der zu erfüllenden Träume.

Ein Wille, ein paar Leute, die die Idee sofort gut fanden, und schon zeichnete sich ein Weg ab. Ich machte mich an die Organisation. Ein paar Monate und viele Mails später stand die Reise. Beide Töchter bogen ihre Zeitfenster so, dass sie auf jeden Fall dabei sein konnten. Schließlich waren 16 Passagiere angemeldet. Darunter sechs junge Leute. Alle reisten nacheinander in Kairo an und kamen – das war uns ein Anliegen – bei uns in der Residenz unter. Es war eng, aber gemütlich. In meinem Büro waren zwei Klappbetten aufgestellt. In Anais Büro entstand ein Dreimädel-Matratzenlager. Jeden Morgen wartete ein Minibus mit deutschsprachiger Fremdenführerin vor der Tür. Davon wurde rege Gebrauch gemacht. Unsere Freunde fuhren ins Ägyptische Museum, ins koptische und islamische Viertel. Auch ein Besuch im Basar durfte nicht fehlen.

Abends saßen wir im Wohnzimmer bei Wein und Pralinen und erzählten. Zur Einstimmung sahen wir den in Luxor spielenden James-Bond-Film »Der Spion, der mich liebte«, denn am nächsten Morgen ging es »vor dem Aufwachen« los. Um fünf Uhr früh saßen wir alle samt

Chihuahua Rufus und Gepäck im Bus, der uns zum Flughafen brachte. Der Flug ging nach Assuan. Dort wurden wir per Bus an den Nil gefahren. Mit einem kleinen Boot und in Begleitung einer Ägyptologin des Deutschen Archäologischen Instituts tuckerten wir auf die Insel Elephantine. Im Ausgrabungshaus wurden wir mit Kaffee, Tee, frischem Zitronensaft und Karkadeh begrüßt. Dazu gab es Kekse, die schnell verschlungen wurden, denn wir hatten noch nichts gegessen. Die Führung über die Insel war exzellent. Der anschließende Abstecher zu den Gräbern und Mausoleen war den meisten etwas zu viel. Unser Bus holte uns ab, und wir fuhren knapp 20 Minuten zur Anlegestelle der Dahabeya *Judi*. Neun Kabinen, eine acht Mann starke Mannschaft: Koch, Kapitän, Steward und Skipper. Selbst der General Manager war mit an Bord und versprach, uns alle Wünsche von den Augen abzulesen. Michael und ich bezogen die Kabine am Schiffsende. Sie war liebevoll eingerichtet und hatte einen Privatbalkon. Kurz darauf gingen wir an Deck, wo (endlich!!) ein Mittagessen für uns bereitstand. Als alle nach und nach hinaufkamen, hätte ich die bewundernden Ausrufe mitschreiben sollen: »Was für ein Luxus!« »Wie Tausendundeine Nacht!« »Das ist ja herrlich!« »Waudiwuffti.« Es gab eine kleine Bar, Liegestühle, weitere Sessel, mehrere aneinandergereihte Esstische und eine orientalische Sitzecke mit vielen Kissen im Halbschatten. Traumhaft!

Im Januar schwanken die Temperaturen in Oberägypten von 30 Grad C tagsüber bis zu 5 Grad C nachts. Es wehte eine beachtliche Brise, sodass man immer T-Shirt, Fleecejacke und Schal zum An- und Ausziehen dabei hatte. Das Schöne an einer Nilreise ist die Gemächlichkeit, mit der die Küste vor unseren Augen dahingleitet. Das

Leben an Land ist seit Tausenden von Jahren unverändert. Männer in langen Galabijas und weißen Turbanen beackern den fruchtbaren Nilschlamm und versorgen ihre Wasserbüffel mit Zuckerrohr. Kinder toben über den Sand. Vor den Fenstern an den Häusern hängt bunt und ordentlich Wäsche zum Trocknen. Wir tranken Tee, lasen und unterhielten uns. Einige unserer Freunde kannten sich noch nicht. Abends aßen wir drinnen und genossen unseren mitgebrachten Wein. Nach dem Essen kam die Mannschaft mit Trommeln und animierte uns alle zum Mitsingen, Klatschen und Tanzen.

Ein weiterer Vorteil der Dahabeya ist, dass sie dann die großen Tempel ansteuert, wenn die größeren Schiffe noch nicht da oder schon weg sind. Wir waren in jedem Tempel praktisch für uns. Am zweiten Abend legten wir an einer Insel an, und die Crew brachte Tische und Stühle von Bord. Wir zogen alle Schichten an, die wir dabei hatten und genossen einen Abend unter dem Sternenhimmel.

Wenn morgens die Sonne aufging, war das Licht besonders zauberhaft. Ich saß Kaffee trinkend auf dem Privatbalkon und konnte nicht entscheiden, welches Ufer das schönere war. Alles war in Gold getaucht und an Land liefen schon die Männer in den Galabijas, kochten Tee und die Wasserbüffel kauten Zuckerrohr. Da wir die Route Süd-Nord von Assuan nach Luxor gewählt hatten, konnten wir nur selten segeln. Wir wurden in diskretem Abstand von einem nicht störenden Motorboot gezogen.

Die letzte Nacht war besonders windig, und der Kapitän hatte Schwierigkeiten, bei Esna eine ruhige Anlegestelle zu finden. So musste die Crew nachts Wache halten, damit dem Schiff nichts passierte. Im Hafen angekommen, gingen wir von Bord und fuhren mit dem Bus nach Luxor. Abends flogen wir wieder nach Kairo. Es war mit Sicherheit für alle eine unvergessliche Reise. Und für mich ist ein Traum in Erfüllung gegangen.

Ägypten, ein Jahr danach

Für mich, und nur für mich kann ich reden, war das Jahr in zwei Hälften geteilt. In der ersten Hälfte waren die Menschen im Siegestaumel. Die Jugendlichen konnten kaum fassen, was sie erreicht hatten. Ägypten hat 80 Millionen Einwohner und jetzt ebenso viele politische Analytiker. Wo man hinkam, wurde man gerade als Ausländer gefragt: »Was denken Sie über die Revolution?« Ob im Supermarkt, im Taxi oder in der Apotheke, überall fanden hitzige politische Diskussionen statt. Unzählige Geschichten über direkte Erlebnisse auf dem Tahrir machten die Runde. Der Platz bekam eine magische Anziehungskraft. Die Menschen gingen zwar hin um zu demonstrieren, aber sie wollten auch das erlebte Gefühl von Zusammengehörigkeit, von Frieden und Liebe, von Woodstock-Festival nicht aufgeben. Sie wollten es jeden Tag wieder und wieder erleben. Oder wenigstens freitags. Jeden Freitag! Da war ein Stolz, ein Über-sich-selbst-Staunen und unendlich viel überschwappende Hoffnung in den Herzen. Obwohl wir brennend gerne auch hingehen wollten, verzichteten wir darauf. Zu oft hatte es geheißen, ausländische Spione seien an Unruhen schuld. Den Sturz Mubaraks haben die Ägypter ganz alleine geschafft.

Das Diplomatenleben veränderte sich schlagartig. Viele der »Reichen und Schönen« waren nicht mehr anzutreffen. Große Festlichkeiten wie Hochzeiten fanden kaum statt – und wenn, dann ab 16 Uhr, anstatt wie früher ab 21 Uhr. Außerdem ganz bescheiden in »familiärer« Runde. Auf einer der Wohltätigkeits-Partys wurde zwar etwas weniger Geld eingesammelt als in den Vorjahren, aber die

Stimmung war ausgelassener, als fühlten sich die Menschen weniger kontrolliert. Viele am Demokratieprozess interessierte Delegationen kamen nach Kairo. Gastliche Ereignisse wurden durch Arbeitsessen, durch Treffen mit fast wöchentlich neu ernannten Ministern, durch viele Tahrir-Begehungen und Workshops ersetzt.

Dann begann die zweite Jahreshälfte. Der Frust setzte ganz allmählich ein. Nach und nach wurden die Stimmen der Unzufriedenen lauter. Wo waren alle Versprechungen geblieben? Die Stimmung schlug um und übertrug sich wie eine Grippewelle über das Land. Von Aufbruch und Neuanfang war nichts mehr zu sehen. Wochenlang meinte ich körperlich zu spüren, wie sich die Jugend Ägyptens fühlen musste: belogen, betrogen, traurig, wütend, resigniert, ohnmächtig, ungerecht behandelt, ausgenutzt, missachtet, vernachlässigt und mit Füßen getreten …

Es nahte der 25. Januar, der Jahrestag der Revolution. Ägypten schien den Atem anzuhalten. In der Nacht vom 24. zum 25. regnete es. Für hiesige Verhältnisse regnete es viel. Danach war die Luft frisch und rein. Alle schienen durchzuatmen. Die Massenveranstaltungen im ganzen Land verliefen friedlich. Dem Regen sei Dank.

Trotz der vielen schlimmen Bilder in den Medien können und konnten wir die ganze Zeit über ein relativ normales Leben führen. Wir vermeiden an bestimmten Tagen den Tahrir-Platz und bewegen uns mit offenen Augen, aber angstfrei durch die Stadt.

Facial Harmony

Ich bin besonders glücklich darüber, diese einmalige Entspannungsmethode nach Ägypten gebracht zu haben. Über zarte Berührungen an den Meridianen von Gesicht, Kopf, Hals und Nacken werden die Gesichtszüge erfrischt und harmonisiert. Seit 2005 unterrichte ich diese Methode.

Drei Facial-Harmony-Balancing-Kurse gab ich bis jetzt in Kairo. Die Einnahmen gingen jeweils an mir am Herzen liegende Wohltätigkeitsprojekte. Den ersten Kurs besuchten eine Ägypterin, eine Deutsche und eine Deutschägypterin. Im zweiten waren eine kopftuchtragende Frau, eine liberale Frau und ein Mann. Schwierig war hierbei, dass der Mann und die kopftuchtragende Frau nicht miteinander arbeiten durften.

Vor ein paar Tagen unterrichtete ich den Kurs im Nun-Center, ein erst kürzlich von zwei jungen Frauen eröffnetes Haus für alternative Therapien. Es meldeten sich sechs Frauen an, die sich irgendwie über unterschiedliche Ecken kannten. Vier der Frauen waren zu einer der deutschen Schulen gegangen. Es war eine dynamische, lustige Gruppe.

Ich hatte schon lange den Wunsch gehegt, Frauen, die Opfer von Gewalt gewesen sind, mit der Facial-Harmony-Methode zu behandeln.

Die Gelegenheit bot sich über eine NGO, die sich mit der psychiatrischen Behandlung von Frauen, die Gewalt erfahren haben, befasst. Ich erfuhr von der Leiterin, wie schwierig es ist, diese Frauen aufzufinden und zu einer

Therapie zu bewegen. Ich hörte auch, dass viele der Therapeutinnen selbst mal Opfer waren und es beispielsweise nicht fertigbringen, ihre Patientinen über Themen wie Sexualität zu befragen. Manche deuten einfach auf die zutreffende Frage auf einem Papier, um das Thema nicht formulieren zu müssen.

Die leitende Psychiaterin erzählte mir, dass 15 der behandelten Frauen nun langsam in ein normales Leben zurückgeführt werden sollten. Zum Programm gehörten gesundes Kochen, Dekorationstipps für zu Hause und ein Kommunikationstraining. Da passte eine Sitzung Facial Harmony ideal dazu. Ich lud erst einmal drei der Mitarbeiterinnen der NGO ein, um im laufenden Kurs als Klienten für meine Schülerinnen zu fungieren. Sozusagen als Versuchskaninchen, um die Methode kennenzulernen. Rania war ganz besonders begeistert.

Das Projekt nahm schnell konkrete Formen an.

Heute war es soweit. Wir kamen zu siebt an: vier tapfere, ganz frisch gebackene Facial-Harmony-Anwenderinnen, eine Anwenderin aus einem vorigen Kurs, meine Tochter Anais und ich. Jede von uns würde einer Frau, die hier als Opfer von Gewalt psychiatrisch behandelt worden war, eine Facial-Harmony-Behandlung geben. Wohl das krasse Gegenteil von dem, was sie sonst immer erlebt haben! Im NGO-Büro waren die Schreibtische und Couchen an die Wände geschoben worden und wir hatten gerade bequem Platz. Es kamen zehn kopftuchtragende Frauen, die Angst vor der Behandlung hatten. Hier konnte Rania helfen, die selbst Kopftuchträgerin ist. Begeistert erzählte sie von ihrer eigenen Erfahrung als Klientin im Kurs. Dann verbannten wir die im Büro arbeitenden Männer in das obere Stockwerk und konnten nun die Frauen überzeugen, die Kopfbedeckungen für die Dauer der Behandlung abzunehmen.

Drei begnügten sich damit, zuzugucken und ließen sich von der Meditationsmusik berieseln. Die anderen genossen die ultrazarte Berührung, gelangten in eine tiefe Entspannung und waren gleichzeitig gerührt und fasziniert.

Erinnerungen an Klub 3

In meinen ersten Wochen in Kairo war ich eingeladen worden, dem Kairoer *International Women's Club* beizutreten. Dieser Klub war von der Frau des damaligen ägyptischen Außenministers Ahmed Maher gegründet worden. Inzwischen war der Klub so angewachsen, dass er in vier einzelne Klubs aufgeteilt wurde. Ich bekam die Einladung zu meinem ersten Lunch. Mein Fahrer fuhr ewig auf der Autobahn und irgendwann auf einer Feldstraße. Es war staubig und so voller Löcher, dass ich zweifelte, ob wir auf dem richtigen Weg waren. Ich war ja noch neu! Dann fuhren wir durch ein Tor in eine parkähnliche Anlage. Ab da wusste ich nicht mehr, ob ich mich in einem Märchen aus Tausendundeine Nacht befand oder in einem Albtraum. Eine Truppe spielte Musik, nicht schön, aber laut. Dazu tanzten berittene Araberhengste. Auf dem gepflegten Rasen gab es große Puffs, überdimensionale Kissen, Rattansofas und Sessel. Es hatten sich schon etwa 30 Damen eingefunden. Da das Ganze draußen stattfand, trugen sie nicht nur eine Kopfbedeckung, sondern auch riesige Sonnenbrillen, die sie auch dann nicht abnahmen, als ich ihnen vorgestellt wurde. Das machte es besonders schwierig. Da ich sowieso Probleme habe, mir Namen und Gesichter zu merken, war ich komplett verloren. Auf einem Silbertablett wurden Drinks in kräftigen Farben serviert. Sie entpuppten sich als gefärbte Sprite-Limonade.

Erleichtert entdeckte ich Caroline, die Frau des belgischen Botschafters. Sie waren einen Tag nach uns in Ägypten angekommen, und nun stand sie ebenso verloren wie ich zwischen den anonymen Damen. Eine von ihnen erzählte, sie wohne gleich bei mir um die Ecke. Sie schrieb mir auch kurz darauf eine sehr herzliche Mail, in der sie mir mitteilte, wie gern sie Deutschland habe. Ich schrieb ihr ein paar nette Zeilen als Antwort und unterschrieb statt mit freundlichen Grüßen mit *Hug, Dagmar.* Ihre nächste Mail begann mit: »Dear Hug«, und des Weiteren verlangte sie meine Hilfe, um ein Visum für Deutschland zu bekommen!

Einen Monat später meldete ich mich zum nächsten Lunch an. Dieser fand wieder an einem anderen Ende der Stadt in einer Villa mitten in einer edlen Golfanlage statt. Wieder trugen die meisten Damen Kopfbedeckung und Sonnenbrille. Erleichtert sah ich Caroline dazukommen. Die Gastgeberin hatte eine Frau eingeladen, die aus Halbedelsteinen Schmuck machte. Sie versuchte, etwas über ihre Arbeit und die Bedeutung der Steine für die diversen Tierkreiszeichen zu erzählen. Die Frauen redeten so laut durcheinander, dass man nicht zuhören konnte. Ich setzte mich mit Caroline zu zwei ägyptischen Frauen an einen Tisch. Diese standen auf der Stelle auf und setzten sich um. Später erfuhren wir, dass sie nicht gerne Englisch sprechen, sondern sich lieber mit der Freundin auf Arabisch unterhielten.

Trotz der beiden etwas unerfreulichen Erfahrungen nahm ich weiterhin an diesen Treffen teil. Ich nahm sie als eine Art soziokulturelles Erlebnis wahr. Allerdings sagte ich ab, wenn sie außerhalb von Kairo stattfanden. Nach der Revolution sprach die Klubgründerin ein Machtwort und änderte die Regeln. Antatt zum Lunch sollte zu einem Imbiss eingeladen werden. Anstatt für 12 Uhr einzuladen und erst ab 15 Uhr Essen zu servieren, wird für 11.30 Uhr eingeladen, dann gibt es um 12 Uhr einen Gastredner und ab 13 Uhr Essen. Außerdem werde ich jetzt von allen wie eine alte Freundin begrüßt. Ich konzentriere mich auf das Gespräch mit Einzelnen und entdecke, wie nett und interessant sie sind. In drei Wochen findet der Lunch bei mir statt. Ich hoffe, dass das Wetter es erlauben wird, den prächtigen Garten zu nutzen.

Wüste

Wenn wir ein paar Wüstentage verbringen wollen, fahren wir meistens mit unserem eigenen Wagen in die Oase Bahariya. Dort hat der Deutsche Peter Wirth seit 1995 ein kleines Hotel. Er ist Experte für die Gegend und hat eine Truppe Beduinen um sich, die die Fahrten in die Tiefen der Wüste übernehmen. In Bahariya sprudeln an mehreren Stellen heiße Quellen. So auch mitten in Peters *International Hot Spring Hotel.* Die Quelle ist ein kreisrundes, auf den ersten Blick wenig einladendes Loch. Das Wasser sieht rostig aus. Es wird jeden Morgen frisch eingelassen und kommt so heiß hoch, dass man wirklich nicht vor 16 Uhr nachmittags hinein kann. Man sollte tatsächlich keine hellen Badesachen anhaben, denn sie könnten sich leicht bräunlich färben.

Ein typischer Aufenthalt sieht so aus, dass man etwa nach vier Stunden Fahrt mittags ankommt. Man nimmt eventuell eine kurze Dusche und findet, dass das Wasser etwas spärlich fließt. Die Mahlzeiten sind einfach, aber sehr lecker. Danach ist Zeit für eine Siesta. Anschließend lohnt es sich, auf den hinter dem Hotel liegenden Berg zu klettern. Von da aus hat man einen atemberaubenden Blick über den großen Dattelpalmenwald. Man kann auf dem Plateau wandern gehen und dann kommt ein Moment der Entscheidung: Sonnenuntergang betrachten oder in die heiße Quelle steigen. Am besten macht man beides. Nach der Quelle kann man sich mit anderen in Peters Bar treffen, einen Drink nehmen, von den eigenen Reiseplänen erzählen, oder den anderen zuhören und Ideen für das nächste Mal sammeln. Nach dem Essen zieht man sich zurück, denn es geht am nächsten Tag gleich nach dem Frühstück los.

Auch diesmal hatten wir unseren Lieblingsführer Tamer. Es kamen drei weitere Jeeps mit Beduinenfahrern mit. In jedem Wagen saßen drei Passagiere. Nach fast einer Stunde Fahrt auf der Asphaltstraße ging es »off road«. Die Beduinen schalteten die Jeeps auf Allradantrieb und rasten mit uns durch die Dünenlandschaft. Es gab immer wieder atemberaubende Ausblicke. In einer Oase, die so aussah, wie ein Kind eine solche malen würde, machten wir Halt, und die vier Fahrer packten einfache, bunte Teppiche aus, auf denen wir uns ausbreiteten, während sie selbst ein Picknick herrichteten: Thunfischsalat, Tomaten, Gurken, weißer Käse, Brotfladen, Bananen, Guaven und hinterher einen stark gesüßten Tee. Dann ging die Fahrt weiter zur sogenannten »Weißen Wüste«. Über ein Riesenareal erstreckten sich Kalkformationen. Überall sahen wir Pilze, Tiere, Gesichter, Türme. Am Spätnachmittag kamen wir an die Stelle, die sich unsere Führer für das Nachtlager ausgesucht hatten. Sie parkten die vier Autos so, dass ein offenes Viereck entstand. Mit wenigen, geübten Handgriffen und großen Stoffbahnen entstanden zwei abgetrennte Räume. Der kleinere war die Küche. Der andere Raum war für uns. Auf dem Boden lagen wieder die bunten Teppiche. Rundherum dünne Matratzen, dazwischen unsere noch eingerollten Schlafsäcke. Auch dies hatte etwas von Tausendundeiner Nacht.

Wir spazierten zwischen den Kalkskulpturen und machten es uns dann gemütlich bei einem Gläschen Wein. Das Abendessen bestand aus Suppe, Reis, Gemüse und gegrilltem Hähnchen. Durch den Vollmond war alles taghell beleuchtet. Ein paar Wüstenfüchse kamen.

Zuerst umkreisten sie unser Camp von Weitem, dann wurden ihre Kreise immer enger, bis sie auf einen Meter herankamen. Wie beim »Kleinen Prinzen«! Ziemlich früh suchte sich jeder von uns einen Schlafplatz. Es standen Zelte bereit, aber die meisten wollten lieber unter freiem Himmel schlafen. Ich suchte mir erst einen Platz für eine Vollmondmeditation. Auch ich lag später im Freien, aber schlafen konnte ich nicht.

Am nächsten Morgen bauten die fleißigen Beduinen nach dem Frühstück das Lager ab, und wir fuhren zu noch unbekannten Aussichtspunkten. Gerade als wir mittags picknickten, begann ein Sandsturm. Jeder von uns probierte, fliegende Teller, Papiere, Schlafsäcke und Mineralwasserflaschen am Wegfliegen zu hindern, oder hielt mit allen Mitteln die Esswaren zugedeckt. Trotzdem drang der Sand überall ein. Währenddessen saß Tamer seelenruhig mit dem Gaskocher im Jeep und bereitete wieder köstlichen süßen Tee für alle zu. Auf dem Rückweg nach Bahariya machten wir Halt in der »Schwarzen Wüste«. Da liegt Basaltgestein auf den Dünen und erinnert an Schokostreusel. Wir gingen zu Fuß durch ein schmales Tal und bewunderten die schwarzen Formationen.

Am frühen Abend kamen wir in Peters Hotel an. Einige stiegen in die heiße Quelle, andere landeten gleich beim Bier in Peters Bar. Nach einem langen Campingtag in der Wüste fand ich, dass aus der Dusche unglaublich viel Wasser kam …

Neue Gäste waren eingetroffen. Wir konnten ihnen unsere Erlebnisse erzählen und hatten das Gefühl, wochenlang weg gewesen zu sein.

Die *Berlin*

Vor wenigen Wochen erfuhren wir, dass das deutsche Versorgungsschiff *Berlin*, unterwegs von Somalia nach Hamburg, den Suezkanal passieren würde. Der Kapitän sprach eine Einladung aus und der deutsche Verteidigungsattaché organisierte eine Mitfahrt von Ismailiya nach Port Said. Zu sechst freuten wir uns auf dieses Abenteuer.

Um 5 Uhr morgens fuhren wir in einem Minibus ab. Die Fahrt dauerte etwa zweieinhalb Stunden. Unterwegs probierten wir mental, Ägypten neu zu organisieren. Die Präsidentschaftswahlen und die bevorstehende Stichwahl gaben Anregung genug. Im einzigen Hotel in Ismailiya sollten wir den Schiffsagenten treffen, der uns auf das Lotsenboot bringen sollte. Unser Fahrer verfuhr sich so oft, dass wir schon befürchteten, die *Berlin* würde vorbeirauschen, ohne uns an Bord genommen zu haben. Endlich im Hotel angekommen, erfuhren wir vom Agenten, dass es eine zweistündige Verspätung geben würde. Die Schiffe passieren den Kanal im Konvoi, und ein Schiff mit Maschinenschaden hatte sich quergestellt und die Fahrt für die anderen blockiert. Wir tranken literweise Zitronensaft und Wasser und warteten geduldig, bis es schließlich zum Lotsenboot ging.

Das Spannende war, dass das Schiff weder für unseren Einstieg noch für unseren Abstieg später in Port Said anhalten würde! Unser Oberst von der Botschaft hatte sogar damit gerechnet, dass wir über eine acht Meter lange Strickleiter ein- und aussteigen würden. Aber da weigern sich selbst die Lotsen. So kam es, dass wir über eine wacklige Metalltreppe zusteigen konnten. Das Lotsenboot fuhr dicht an die *Berlin* heran. Mit einem großen Schritt gelangten wir nacheinander auf die Treppe und schließlich hinauf. An Bord wurden wir militärisch empfangen und gleich zur Brücke begleitet. Landschaftsmäßig bietet der Suezkanal wenig bis nichts. Wüstensand links und rechts. Wir wurden zu einem Mittagessen mit Linseneintopf und Würstchen eingeladen. Dann sahen wir eine beeindruckende PowerPoint-Präsentation über den Einsatz der *Berlin* im Piratengebiet. Seit es diesen Einsatz gibt, haben sich die Piratenangriffe stark reduziert. Es folgte ein Rundgang. Wir sahen einen Hangar mit zwei Helikoptern. In einen konnten wir einsteigen und so einen echten Eindruck gewinnen. In einer Anzahl nebeneinander aufgereihter Container ist ein vollständiges Krankenhaus untergebracht.

Als die kompakte Führung durch das Schiff beendet war, waren wir auch schon in Port Said angelangt. Ein Lotsenboot holte uns ab. Wir stiegen mithilfe der wackligen Treppe von Bord und fuhren an Land. Die Marinesoldaten standen grüßend an Deck.

Taxi

Unser Freund Ahmed hatte es eilig, zu seiner Schicht in die Klinik zu kommen. Auf die Uhr blickend, dachte er: »Wenn ich schnell ein Taxi mit einem pfiffigen Fahrer erwische, sollte ich es schaffen.« Er stellte sich an die Straße und winkte. Das allererste Taxi war frei und hielt an. Erleichtert setzte sich Ahmed wie gewohnt auf den Beifahrersitz. Der Taxifahrer fuhr an. Auf seinem Schoß balancierte er eine große weiße Plastiktüte mit zwei Behältern. Ahmed schnupperte: Hmmm, das war bestimmt Kushari (das ägyptische Lieblingsgericht aus Reis, Kartoffeln und Linsen). Der Fahrer fuhr langsam und einhändig, während er am größeren Behälter hantierte. Ahmed beobachtete es voller Sorge. Er versuchte, den Fahrer in ein Gespräch über den ewigen Stau auf der Nilbrücke zu verwickeln. Dieser nickte uninteressiert. Jetzt hatte er es geschafft, den Deckel zu öffnen! Der Duft von frischem, warmen Kushari füllte den Wagenraum. Dem Taxifahrer lief sichtlich das Wasser im Mund zusammen. Nun machte er sich an den zweiten Behälter mit der köstlich gewürzten Tomatensauce. Doch der Deckel löste sich und entglitt ihm. Fluchend fischte er ihn von seinem Hosenbein und versuchte, den Tomatenkreis auf dem hellen Stoff wegzuwischen. Jetzt wackelte auch das große Gefäß. Ahmed guckte nun besorgt zu, wie der Taxifahrer mit einer Hand versuchte, die Tomatensauce über das Reisgericht zu kippen. Die andere Hand am Steuer begleitete die Bewegung und der Wagen geriet aus der Spur. Der Fahrer korrigierte abrupt, nahm aber dabei den Blick nicht von seiner Mahlzeit. Das war dann doch zu viel des Guten!

Ahmed bat den Taxifahrer, an die Seite zu fahren und sagte voller Geduld: »Hör zu! Wir haben ein Problem: Du bist hungrig, und ich habe es sehr eilig. Das hier ist mein Führerschein. Wie wäre es, wenn du mich fahren lässt. Du kannst in Ruhe dein Kushari essen, und ich komme zeitig in die Klinik.« Der Taxifahrer willigte sofort ein. Sie wechselten die Plätze. Ahmed fuhr zur Klinik, während der Fahrer genussvoll sein Kushari verschlang. Ahmed kam rechtzeitig in der Klinik an und der Taxifahrer nahm nur den halben Fahrpreis.

Ein Schlüssel zum Nil

Mona rief an und lud mich ein, sie in ihrer neuen Wohnung zu besuchen. Sie war kürzlich in ein Hausboot gezogen. Da die Adresse nicht ganz einfach zu finden ist, kam sie bei mir vorbei und wir fuhren gemeinsam. Erst über die Brücke und dann sofort wieder auf die Promenade. Dort stiegen wir aus und gingen an einer Mauer entlang ein paar Schritte zurück. Das Tor in der Mauer war kaum zu erkennen. Sie zog einen Schlüsselbund aus der Tasche und öffnete es. Wir standen direkt am Nil! Ein paar Stufen führten zu einem Steg, an dem das Hausboot lag. Links war ein kleiner Garten mit Rasen und zwei Sesseln aus Palmwedelholz. Drei Enten vervollständigten die Idylle. Aus dem Nichts tauchte ein verspielter Hund auf. Mona öffnete die Tür zu ihrem neuen Reich. Da waren verschiedene Sitzecken aus zusammengewürfelten Möbeln. Ein Kreis aus Sitzkissen, zwei Gitarren, schrägen Türen, Fensterrahmen und Schränken. Nichts schien gerade zu hängen. Wenn ein Boot vorbeifuhr, schwankte alles leicht. Wir nahmen draußen auf einer Art Veranda Platz und waren sehr nah am Wasser. Ich fühlte mich wie in einer anderen Welt. Dabei hatte ich »unsere« Insel Zamalek genau vor mir. Eine kleine Oase, in der ich ausnahmsweise anonym sein konnte. Das stellte ich mit Genugtuung fest und legte die Beine hoch. Es war unbeschreiblich schön. Mona hatte Schokoladentörtchen gekauft, und ich hatte eine Flasche Weißwein dabei. Es gab nur keinen Korkenzieher. Sie rief den Nachbarn vom oberen Stockwerk an. Dieser brachte einen Korkenzieher und setzte sich eine Weile zu uns. Ich spielte inkognito und stellte mich als Daggie vor. Er sagte: »Sie sind doch Frau Bock?« Er arbeitete am Goethe-Institut.

El-Alamein

Vier Tage nach unserer Ankunft in Ägypten war die Zeremonie in El-Alamein unsere erste offizielle Amtshandlung gewesen. Ich stehe generell jedem Kriegerdenkmal skeptisch gegenüber und war sehr erstaunt über die Würde und die schlichte Schönheit des deutschen Denkmals. Vor drei Jahren hatten wir uns nicht die Zeit genommen, in das türkisblaue Meer zu tauchen. Wir waren gleich nach der Zeremonie direkt zurück nach Kairo gefahren.

Jetzt sind wir weiser geworden. In diesem Jahr nahmen wir uns sogar zwei zusätzliche Tage frei. Das Hotel liegt genau am Meer, und unsere Augen konnten viel türkisblau tanken.

Das deutsche Denkmal hatte wieder dieselbe Wirkung auf mich. Ich war tief bewegt und während der ganzen Zeremonie den Tränen nahe. Die Männer, die hier gefallen sind, waren knapp 18 Jahre alt. Der deutsche katholische Pfarrer sprach sehr schöne, persönliche Worte. Christliche und muslimische Mädchen aus der deutschen Schule in Alexandria sangen Lieder, die gerade in diesem Raum durch Mark und Bein gingen. Michaels Rede bezog sich auf den Frieden, der so dringend benötigt wird. Es folgten Kranzniederlegungen. Zwei deutsche Veteranen, beide 92 Jahre alt, waren angereist. Einer von ihnen legte auch einen Kranz nieder. Während er salutierend dastand, spielte ein Soldat auf einer Mundharmonika ein wehmütiges Lied.

Alle Teilnehmer fuhren zum britischen Denkmal. In diesem Jahr waren die Briten für die große internationale Feier zuständig. Ungefähr 450 Personen aus vielen verschiedenen Ländern hatten sich hier versammelt. Wir saßen in der Mittagssonne, die meisten waren in Schwarz gekommen. Alleine aus Neuseeland waren über 20 Veteranen angereist. Schließlich jährte sich das Ereignis zum 70. Mal. Es wurden verschiedene Ansprachen gehalten. Nach weiteren Kranzniederlegungen lasen alle gemeinsam ein Gebet, eine Bitte um Frieden. Es fühlte sich an wie eine große gemeinsame Meditation. Dann trafen Michael und ich eine Gruppe deutscher Angehöriger der Gefallenen. Während Michael sich ihnen widmete und ihre Fragen beantwortete, wurde ich von einem älteren Herrn angesprochen. Er hatte von dieser Reise erfahren, sagte er noch ungläubig kopfschüttelnd, und ganz tief gespürt, dass er mitreisen musste, obwohl er gar keinen persönlichen Bezug zu El-Alamein habe. Er hätte sich irgendein Grab ausgesucht, sich hingekniet und gebetet. Während er mir das erzählte, weinte er hemmungslos.

Eine Freundin hatte einmal in einem Pub gehört, wie ein schottischer Überlebender von El-Alamein erzählte: Er hätte neben seinen Kameraden im Graben gelegen und sie seien sich sicher gewesen, dass ihre letzte Stunde geschlagen habe. Plötzlich hätte er Dudelsackmusik vernommen und sei völlig davon überzeugt gewesen, dass es sich nur um erste Himmelsklänge handeln konnte. Der Kamerad neben ihm habe gefragt: »Hörst du das auch?« In dem Augenblick seien die schottischen Dudelsackspieler um die Ecke marschiert und die Rettung war angekommen! Da sagte ein zuhörender Pubbesucher: »Und ich war einer von den Dudelsackspielern.«

Gesundheit

Ich merke, dass ich nicht gerne hierüber schreibe, aber auch dieses Thema gehört zu meinem Leben.

Genau vor einem Jahr, Ende Oktober 2011, kamen Freunde aus Deutschland zu Besuch. Mir ging es nicht sonderlich gut, trotzdem unternahmen wir alles Mögliche. Ich spürte seit Tagen konstant Schmerzen im Unterleib und fühlte mich überhaupt nicht fit. Als unser Besuch abreiste, saß ich abends vor meinem Computer. Plötzlich wurden die Schmerzen unerträglich. Ich krümmte mich, mein Bauch schwoll an und ich wusste nicht, ob ich mich übergeben oder in Ohnmacht fallen würde. Die Nacht habe ich nicht mehr in Erinnerung. Am nächsten Morgen ging ich zu unserem Regionalarzt in die Praxis. Als er fragte, was los sei, beschrieb ich: »Ich fühle mich wie ein Pferd mit Kolik.« Er machte eine Ultraschalluntersuchung und schickte mich zu einem hiesigen MRT-Spezialisten. Diese Untersuchung war fürchterlich! Es war heiß in der Röhre und auf meinem sowieso stark schmerzenden Bauch lag ein bleischwerer Schutz. Ich sollte 40 Sekunden lang die Luft anhalten und konnte das in meinem Zustand einfach nicht. Nach jedem Versuch wurde ich aus der Röhre rausgefahren, ausgeschimpft und wieder hineingeschoben … Ein Albtraum!

Es folgten Blutanalysen, erneuter Ultraschall, Antibiotikum. Kontrolle. Ich weiß nicht mehr, wie lange das so ging. Eines Tages waren die Schmerzen verschwunden. Da sagte der Regionalarzt: »Und morgen früh reisen Sie nach Deutschland.«

Genau an den Tagen hatten wir eigentlich vorgehabt,

mit Freunden in die Wüste zu fahren. Das war schon lange geplant gewesen, und Michael hatte sich dafür ein paar Tage freigenommen. Als der Arzt mich nun als Notfall im Schwabinger Krankenhaus anmeldete, beschloss Michael, mit nach München zu kommen.

Diagnose: perforierte Divertikulitis.

Ich merkte, wie ich im Krankenhaus ganz schnell von einer »Patientin« zur »Kranken« mutierte. Zum Glück musste ich nicht operiert werden. Zehn Tage hing ich am Tropf mit starken Antibiotika, während regelmäßig meine Blutwerte untersucht und per Ultraschall die Lage genau beobachtet wurde. Eine Chirurgin erzählte mir in allen Einzelheiten, wie sie theoretisch per OP vorgehen würde … Gruselig! Gut, dass es ohne ging.

Michael besuchte mich mehrmals täglich. Ansonsten habe ich sehr viel geschlafen. Schön war, dass ich zwei Tage vor dem vorgesehenen Rückflug die Klinik verlassen durfte. Ich lag bei unseren Münchner Freunden auf der Couch und schlief da weiter. Dann war die endgültige Entlassung, und wir konnten vor unserem Rückflug nach Kairo sogar abends auf den Münchner Christkindlmarkt.

Un- / Willkommen

Mit freundlicher Genehmigung von *Focus Online*

Tote, Verletzte und Botschaftsangehörige in Angst: Bei Protesten gegen das Mohammed-Schmähvideo kam es in zahlreichen Ländern zu Gewaltausbrüchen. Die deutsche Botschaft in Khartum brannte. Kanzlerin Merkel verurteilte die Angriffe scharf. Innenminister Friedrich kündigt Maßnahme gegen Provokateure in Deutschland an.
Die Bundeskanzlerin äußerte sich am Freitagabend höchst besorgt über die Ausschreitungen in der islamischen Welt. »Ich verurteile die Angriffe auf die deutsche Botschaft in Khartum sowie auf mehrere amerikanische Botschaften in aller Schärfe«, sagte Angela Merkel (CDU) in Berlin. »Gewalt darf nie Mittel der politischen Auseinandersetzung sein. Religiöser Fanatismus darf nicht die Oberhand gewinnen.«
Deutschland trete für einen respektvollen Umgang mit allen Glaubensrichtungen und für einen Dialog der Religionen ein. Sie rufe alle Beteiligten zu Ruhe und Besonnenheit auf, betonte Merkel. »Die arabischen Regierungen müssen alles tun, um die Sicherheit der diplomatischen Vertretungen zu gewährleisten.«

»Wütende muslimische Randalierer drangen in Botschaftsgebäude ein«
Aus Wut über den Mohammed-Schmähfilm hatten aufgebrachte Demonstranten die deutsche Botschaft in der sudanesischen Hauptstadt Khartum in Brand gesetzt. Zahlreiche

Randalierer drangen in das Botschaftsgebäude ein, zerschlugen Fenster, Mobiliar sowie Kameras und legten Feuer. Sie rissen das Botschaftswappen herunter und trampelten darauf herum. Die Angreifer hissten ein islamisches schwarzes Banner mit der weißen Aufschrift »Es gibt keinen Gott außer Allah, und Mohammed ist sein Prophet.« Die Polizei griff nicht ein, als die wütende Menge in die Botschaft einbrach. Botschaftsmitarbeiter wurden dabei nicht verletzt. Sie waren in Sicherheit gebracht worden.
Der Angriff war im Rahmen von Protesten gegen einen islamfeindlichen US-Film erfolgt. Mitarbeiter der deutschen Botschaft wurden dabei nicht verletzt. Attackiert wurden in Khartum auch weitere diplomatische Vertretungen.

»Angst vor weiteren Angriffen«
Scharfe Kritik an dem Angriff auf die deutsche Botschaft übte auch der Vorsitzende des Islamrats in Deutschland, Ali Kizilkaya. »Dafür gibt es keinerlei religiöse Begründung«, sagte er der Zeitung »Die Welt« am Samstag. Wer Kritik wegen eines Films üben wolle, der solle friedlich demonstrieren.
Aus: Focus online, »Deutsche Botschaft in Brand im Sudan – Folgen des Anti-Moslem Propagandavideos«, vom 14. September 2012

Marisol war gerade in Kairo angekommen. Sie wollte drei Wochen Urlaub bei uns verbringen. Wir setzten uns gleich vor den Fernseher. Die Stimmung in den Straßen kochte. Nachdem auch Teile der hiesigen US-Botschaft gestürmt wurden, wuchs die Sorge um die Sicherheit der deutschen Botschaft. Im *Al-Jazeera*-Nachrichtensender sahen wir den aufgeregten Mob auf dem Tahrir-Platz immer größer werden. Michael war in ständigem Kontakt mit unserem Sicherheitsbeauftragten, der die Lage genau beobachtete. Ohne Zeit zu haben, um es mit ihm zu besprechen, beschloss ich mit Marisol, unsere wichtigsten Dinge zusammenzupacken, falls wir gezwungen sein sollten, die Residenz zu verlassen. Was ist das Wichtigste? Welche Dinge kann ich mit dem Gefühl zurücklassen, sie eventuell nie wiederzusehen? Wir packten unsere Pässe ein, die Laptops (alle Freunde und Kontakte), Marisol ihre Trompete. Wir zogen langärmelige Blusen, Jacken, Schals und Schuhe an, in denen man zur Not rennen konnte.

Michael kam aus der Botschaft und meinte tatsächlich: »Wir sollten heute Nacht lieber nicht hier schlafen. Packt mal langsam ein paar Sachen zusammen.« Ich sagte: »Definiere bitte *langsam*«, und er meinte: »Eine Viertelstunde!« Wir räumten ein paar weitere wichtige Dinge in den Sicherheitstrakt der Residenz. Der Sicherheitsbeamte der Botschaft lud uns für die Nacht in seine Wohnung ein. Diese befindet sich etwa 300 Meter von der Botschaft entfernt. Trotzdem stiegen wir mit ihm in ein gepanzertes Fahrzeug und gelangten über das Einbahnsystem der Insel Zamalek zu seinem Gebäude. Wir wollten nicht gesehen werden, wenn wir mit Taschen die Residenz verließen.

Pizza und TV-Nachrichten

Wir waren in Sicherheit! Schlafen konnte in der Nacht keiner von uns. In unserer Gegend passierte nichts. Es kam kein Mob, um die Botschaft zu stürmen. Aber was ich innerlich erlebte, war wie ein Erbeben. Während der Revolution haben wir vielen Deutschen geholfen. Dafür ist die Botschaft auch da. Und nun waren wir selbst das Ziel einer Unmenge von Hass. Ein schreckliches Gefühl! Wieder zu Hause wechselte Marisol in ein Schlafzimmer, das nicht zur Straße geht und näher bei unserem liegt.

Die nächsten Gedanken galten dem Fluchtweg aus der Residenz. Wie kommen wir raus, wenn der wütende Mob vor der Tür steht, Steine wirft und versucht, das Gebäude anzuzünden. Man zeigte uns eine Leiter, über die das Gelände verlassen werden konnte. Sie ist an eine der Seitenmauern geschraubt. Wenn Not am Mann ist, muss zuerst ein Sicherheitsbeamter kommen, ein Schloss an einer Kette aufsperren und den zweiten Teil der Leiter über die Mauer hieven, damit man auf der anderen Seite wieder runterkommt. Alle sahen sofort ein, dass es unmöglich war, auf diesem Weg mehrere Leute, geschweige denn das ganze Botschaftspersonal, zu evakuieren. Es wurde auf der Stelle beschlossen, eine Öffnung mit Stahltür in die Mauer zu bauen. Außerdem forderte Michael mehr Sicherheitspersonal an. Marisol und ich verließen in den nächsten Tagen das Haus nicht. Um innerlich wieder zur Ruhe zu kommen, meditierten wir täglich und hörten schöne Musik.

Des Weiteren organisierte Michael eine Pressekonferenz. Vor 30 Journalisten und unter dem Vorwand, dass der Nationalfeiertag kurz bevorstand, führte er auf, was Deutschland alles für Ägypten tut und nannte die vielen hier vertretenen deutschen Institutionen.

Von Außenminister Westerwelle kam die Weisung, die Botschaft am Freitag und Samstag nicht zu öffnen. Hierüber waren wir alle sehr verwundert, denn es ist bekannt, dass in islamischen Ländern die Botschaften am Freitag und am Samstag sowieso geschlossen sind. Darauf aufmerksam gemacht, kam ein Nachtrag: Botschaftsangehörige sollten sich unbedingt von dem Gebäude fernhalten. Dass wir acht Meter daneben hinter derselben Mauer wohnen, ist in Berlin auch bekannt. Für uns kam keine Weisung, das Gelände zu verlassen uns in Sicherheit zu bringen.

Ich kann gar nicht beschreiben, wie empört, wütend, traurig, entrüstet, fallen gelassen und enttäuscht ich mich fühlte!

An dem Freitag gingen wir vorsorglich mittags aus dem Haus. Wir begaben uns in ein beliebtes Lokal auf Zamalek und hielten uns nach dem Essen noch fast zwei Stunden dort auf, um die kritische Zeit nach dem Freitagsgebet zu überbrücken. Dann kam wieder Entwarnung.

Mein Nervenkostüm war dünn. Ich merkte es erst, als ich mit Marisol für ein paar Tage nach Marsa Alam an den Strand flog. In den ersten beiden Tagen war mit uns nicht viel anzufangen. Wir konnten nur schlafen und essen. Innerlich waren wir noch stark aufgewühlt. Erst nach dem dritten Tag setzte langsam ein Gefühl der Erholung ein.

Konrad-Adenauer-Stiftung (KAS)

Das Büro der KAS ist auf der Insel Zamalek, nicht weit von der Botschaft entfernt. Eines Tages im Februar wurde es ohne Vorwarnung von der Polizei gestürmt. Unterlagen und Computer wurden beschlagnahmt. Dasselbe passierte mit circa 16 amerikanischen NGOs. Angeklagt waren der deutsche KAS-Leiter und seine rechte Hand, Christina, eine deutsche Ortskraft. Es wurde ihnen vorgeworfen, sich unter Verwendung enormer Geldsummen in die inneren Angelegenheiten Ägyptens einzumischen. Die Reihenfolge der Ereignisse ist für mich im Nebel verschwunden. Jedenfalls stand die Möglichkeit im Raum, dass die Angeklagten, wie damals Mubarak, im Käfig dem Richter vorgeführt werden. Die KAS in Deutschland wollte das um jeden Preis vermeiden. Es hieß auch, der Leiter und seine Assistentin dürften nicht in ihre Wohnungen gehen, sondern müssten in der Botschaft Schutz suchen.

Der Leiter kam bei Kollegen unter. Christina kam zu uns. Sie ist eine wunderbare, geerdete Frau, die seit über 20 Jahren in Ägypten lebt, mit einem Ägypter glücklich verheiratet ist und zwei goldige Mädchen von zwölf und 15 hat. Sie wollte nicht von zu Hause weg. Sie fühlte sich nicht bedroht. Sie hatte auch nichts dagegen, schlimmstenfalls vom Käfig aus auszusagen. Der Käfig symbolisiert Entwürdigung, dient aber auch zum Schutz vor fliegenden Objekten, wie zum Beispiel Schuhen aus dem Publikum.

Ich weiß nicht mehr, wie lange sie bei uns wohnte. Zehn Tage? Zwei Wochen? Der Plan der Amerikaner war, die

Erlaubnis zu bekommen, alle Angeklagten auszufliegen. Christina war völlig erschüttert. Ihr Mann und ihre Kinder besuchten sie fast täglich. Sie saßen mit uns und erzählten immer wieder von ihren Gefühlen und der Ausweglosigkeit. Auch tagsüber führten wir viele Gespräche über die verzweifelte Lage. Eines Tages hieß es, es ginge los. Ein Flugzeug sei bereit, die ganze Gruppe hinauszufliegen, erst nach Zypern, dann weiter nach Deutschland. Christina und ihr Mann umarmten sich noch einmal, und sie stieg unter Tränen ins Auto. Fünf Stunden später kam sie wieder ins Haus. Irgendeine Erlaubnis habe gefehlt. Erst ein paar Tage später wurden alle ausgeflogen. Außer Christina waren alle erleichtert.

Nach etwa einem Monat hatte sich der Staub etwas gelegt. Christina kam nach Kairo zurück. Am Flughafen wurde sie problemlos reingelassen. Ab und zu wird sie zusammen mit dem einzigen Amerikaner, der auch zurückkam, dem Gericht vorgeführt. Die Lage ist völlig undurchsichtig. Sie wird hinter dem Gitter im Gericht gut behandelt. Bekommt Wasser, darf ihr Handy behalten und die Toilette der Richter benutzen. Dann wird die Verhandlung wieder vertagt und sie kann nach Hause gehen.

(Der Prozess zog sich über ein Jahr hin. Kurz bevor das Urteil verkündet wurde, wurde Christina nach Berlin ausgeflogen. Sie wäre sonst völlig unverschuldet für zwei Jahre in ein ägyptisches Gefängnis gekommen.)

Geschichten und Gerüchte

Ich weiß nicht, was ich hiervon halten soll. Es mehren sich Geschichten über extremes Denken. Vielleicht geschürt von der Opposition, um ein gewisses Angstniveau zu erzeugen. Aber wo Rauch ist, ist auch Feuer.

Fakt ist, es gibt immer mehr völlig verschleierte Frauen; und immer mehr Frauen, die früher gar keine Kopfbedeckung trugen, tragen jetzt Kopftücher. Ich trage kein Kopftuch, aber es fällt mir auf, dass ich das Bedürfnis nach mehr Bedeckung habe, obwohl es nirgends geschrieben steht. Es steht in der Luft, und es ist da. Ich trage immer einen Schal um die Schultern. Es macht keinen Spaß, auf die Straße zu gehen. Man wird schamlos angemacht. Anais kam einmal weinend nach Hause und brachte es auf den Punkt: »Ich fühle mich so schmutzig.« Sie hat beschlossen, nach München zu ziehen.

Vor einigen Wochen hat eine kopftuchtragende Lehrerin einer 13-jährigen Schülerin die Haare abgeschnitten, weil sie kein Kopftuch trägt. Der Vorfall ist vor Gericht und wird immer wieder vertagt. In der Zwischenzeit wurden zwei Fälle von Frauen bekannt, denen von kopftuchtragenden Fremden die Haare abgeschnitten wurden. Das eine Mal war es in der U-Bahn.

Ein anderer Vorfall passierte im Gezira-Klub, wo eine komplett verschleierte Frau in voller Montur ins Schwimmbad sprang. Es gab ein großes Geschrei. Bis vor einigen Jahren durfte man den Klub nicht vollverschleiert betreten.

Während das Land in Armut und riesigen wirtschaftlichen Problemen versinkt, beschäftigen sich die Politiker mit der Forderung nach Pornografieverbot im Internet, diskutierten darüber, wie lang die Bärte der Stewarts bei *Egyptair* sein dürfen und ob Polizisten und Militärs auch Bärte tragen dürfen.

Noch extremer: Frauen sollen das beliebte ägyptische Gericht gefüllter Zucchini nicht mehr zubereiten dürfen, denn die Form des Gemüses könnte sie auf erotische Gedanken bringen. Tomaten darf man essen, aber es ist Sünde, sie zu halbieren, denn in ihrer Mitte sieht man ein koptisches Kreuz.

Frauen dürfen nicht im Meer baden, denn das Meer ist auf Arabisch männlich. Babys muss man die Arme bedecken, denn Männer könnten von der Babykörperform auf die Körperform der Mütter schließen.

Ernsthaft wird darüber diskutiert, ob erlaubt werden soll, dass Mädchen schon mit neun Jahren heiraten …

Eine Koptin steigt in ein Taxi. Am Steuer sitzt ein Bärtiger. Sie beobachtet, wie er über den Rückspiegel auf ihr goldenes Kreuz am Halskettchen starrt. Gerade als sie beginnt, sich sehr unwohl zu fühlen, nimmt der Taxifahrer seinen Bart ab!

Gleichgültig ob diese Dinge wahr sind oder Gerüchte, wir sind erleichtert darüber, dass unsere Töchter im Moment nicht bei uns in Kairo wohnen.

Blutdruck

Michael hat erhöhte Blutdruckwerte. Das ist neu. Nach verschiedenen Einzelmessungen bekommt er ein Gerät für die übliche 24-Stunden-Messung. Genau an dem Tag, an dem er morgens vom Arzt das Messgerät umgehängt bekam, ging in der Botschaft ein sehr ernstzunehmender, anonymer Anruf ein. Ein Mann sagte, er werde um 11 Uhr mit einer Motorradbombe die Botschaft hochgehen lassen. Das Sicherheitspersonal wurde sofort aktiv. Die Polizei kam, sperrte unsere Straße und brachte Verstärkung mit. Auch zwei Beamte mit speziell ausgebildeten Hunden waren dabei.

Ich saß ahnungslos in der Residenz an meinem Schreibtisch und wunderte mich etwas über die Unruhe auf der Straße. Da kam Michael von der Kanzlei und erzählte, er habe die Botschaft evakuieren lassen, und auch wir müssten jetzt für drei bis vier Stunden das Areal verlassen. Wir gingen über die Straße in den Gezira-Klub und warteten. Um 11 Uhr gab es keinen Knall. Auch danach nicht.

Das Blutdruckmessgerät arbeitete fleißig und zeigte Himalaya-Spitzen an.

Schizophrenie

Es ist, als gäbe es eine Welt vor den Kulissen und eine hinter den Kulissen. Eine wahre Welt und eine unwahre. Ich sitze in der unwahren Welt und bin Zuschauerin. Staunende Zuschauerin. Die Angehörigen der Oberschicht können nicht fassen, wie viele Islamisten es plötzlich gibt. Unter Mubarak waren sie im Untergrund oder im Gefängnis. Plötzlich sind sie da und wollen ein islamistisches Ägypten. Sie tun, als hätten sie Mubarak gestürzt. Sie haben den jugendlichen Aktivisten die Revolution gestohlen.

Während auf dem Tahrir demonstriert wird, sitze ich in einem der großen Säle des *Marriott*-Hotels bei einer Gala des *Rotary Clubs Rhein-Nile*. Ich bin Schirmherrin für sein zehnjähriges Bestehen. Es soll ein schöner Abend werden. Alle Zutaten dafür sind da. Aber die Stimmung ist gedrückt. Angst liegt in der Luft. Angst vor dem Unbekannten.

Es ist November und zusammen mit anderen Frauen der Botschaft organisiere ich den deutschen und den europäischen Basar. Da verkaufen wir den Wohlhabenden unsere deutsche Ware und helfen mit ihrem Geld den Armen im Lande. Eine Art Robin-Hood-Spiel. Währenddessen finden immer wieder Demos auf den Straßen statt.

Der EU-Basar, der in einem Hotel in der Nähe des Tahrir-Platzes am Samstag geplant war, wird in letzter Minute aus Angst vor Ausschreitungen verschoben. Etwas später erfahren wir, dass die Demo diesmal nicht auf dem Tahrir-Platz, sondern auf der anderen Flussseite stattfindet.

Dieses Ereignis hätte am Tag zuvor den deutschen Basar gefährdet. Wir hatten Glück.

2013
Michael wird 60

Die Idee zum Fest entstand schon früh im Juli, als Michael eines Tages erfahren hatte, dass der Tourismus in Bahariya stark nachgelassen hatte und sich Peter Wirth Sorgen um sein Hotel machte. Normalerweise hatte er um diese Zeit schon viele Buchungen für die nächsten Monate. Michael nahm das Telefon, rief ihn an und sagte: »Ich werde im Januar 60 und möchte meinen Geburtstag in der Wüste feiern. Es könnten bis an die 20 Leute werden ...«

Die Einladung ging hinaus, und die Zusagen häuften sich. Im Dezember war klar, dass wir an die 50 Personen werden würden, davon 28 aus Deutschland und der Schweiz plus Steffi aus Malaysia.

Die Ersten kamen am 3. Januar in Kairo an. Mithilfe einer Fremdenführerin besuchten sie das Islamische Kairo und das Ägyptische Museum. Fast täglich trafen neue Gäste ein. Wer bei uns keinen Platz mehr hatte, kam 15 Minuten zu Fuß von uns im Hotel *Longchamps* unter.

Am 6. Januar waren wir abends bereits 15 Personen. Wir saßen in gemütlicher Runde und aßen Farags selbst gemachte Pizza. Viele kannten sich noch nicht, und es gab eine witzige Vorstellungsrunde.

7. Januar

Ausflug zur Zitadelle. Abends füllten wir Crêpes mit Schinken und Raclettekäse. Michael hatte einen Termin mit Abgeordneten, und wir konnten in Ruhe das von Detlef vorgeschlagenes Lied *Irish Blessing* einstudieren, um ihm am nächsten Tag, dem eigentlichen Geburtstag, ein Ständchen zu bringen. Nebenher dichtete Ingrid an einem Text zur Melodie von *Oh, Susanna.*

8. Januar

Um 9.30 Uhr fuhren wir mit einem Minibus nach Giza. Dort warteten 15 buntgesattelte Kamele auf uns. Für die meisten war es der erste Kamelritt. Auf- und Absitzen ist das Schwierigste. Die Kamele stehen auf, als hätten sie mehrere Kniegelenke an jedem Bein. Einmal oben ist ihr Gang gemächlich, vergleichbar mit einem Volkswagen mit viereckigen Rädern. Wenn man sich auf die Bewegung einlässt, bekommt sie etwas meditatives. Nach einem kurzen, langsamen Ritt leicht bergauf, war plötzlich der Blick auf die Pyramiden frei. Wir ritten jedoch zum höchsten Hügel weiter. Da stand eine etwas improvisierte Holzhütte. Eher ein Windfang aus Brettern mit einem dicken Balken als Bank. Die Kamele gingen wetternd in die Knie. Wir stiegen ab und bekamen süßen Tee. Hinter den Pyramiden sah ich eine schwarze Wolke. Ich fragte, ob sich ein Sturm zusammenballte. Nein, hieß es, das sei der Smog über Kairo. Die schwarze Wolke bewegte sich auf uns zu. Ich fragte noch ein paar Mal nach, aber niemand schien sich an der dunklen Wand zu stören. Sie entpuppte sich als ein großer Sandsturm. Wir fanden Schutz in der Hütte. Eng zusammengekauert saßen wir auf einem zur Bank umfunktionierten Balken und ließen Wind und Sandmassen vorbeiziehen. Man versorgte uns weiterhin mit Tee und einer Shisha. Die Stimmung blieb gut, obwohl wir fast eine Stunde so ausharrten. Nicht ganz selbstverständlich unter Menschen, die sich gerade erst kennnengelernt haben. Dann ließ der Sturm etwas nach. Mit zusammengekniffenen Augen stiegen wir wieder auf unsere Kamele und ritten los. Die Tiere rückten eng zusammen, während wir uns schweigend dem Ausgangspunkt näherten. Alle waren beeindruckt, aber guter Dinge.

9. Januar

Hanan machte eine Führung durch den einheimischen Basar. Die Gäste liefen enge, schmutzige Gassen entlang, sahen Gemüse-, Brot-, Fleischverkäufer, Stoffläden, Kupferschmieden und vieles mehr. Am Spätnachmittag holte ein Bus alle ab und brachte uns zur Motorjacht *Christina* zu einer Sonnenuntergangsfahrt. Das ungewöhnliche Wetter ging weiter. Diesmal wurde uns Hagel beschert. Es gab genügend geschützten Raum, und alle waren warm eingepackt. Die restliche Wärme kam vom guten Wein. Ich hing häufig am Telefon, denn durch den Regen war der Verkehr zusammengebrochen, und bei der Abholung weiterer Gäste vom Flughafen musste kreativ gehandelt werden. Vom Schiff ging es direkt zu uns, wo ein großer Topf heißer Hühner-Kartoffelsuppe mit Avocadostückchen wartete.

10. Januar

Wir waren bei Shahira eingeladen. Shahira ist ein ägyptisches Unikat, 70 Jahre alt und engagiert sich sehr für ihr Land. Seit vielen Jahren sammelt sie traditionelle ägyptische Kleidungsstücke. Wenn sie erfährt, dass ein bestimmtes Haus abgerissen wird, geht sie mit einem befreundeten Architekten hin, fischt interessante Bauelemente aus dem Geröll und montiert sie in einer ihrer Wohnungen an. Außerdem probiert sie, alte Rezepte zu retten. Sie reist in Dörfer und befragt ältere Hausfrauen nach den Kochkünsten ihrer Großmütter. Dann kocht sie die Rezepte nach. Während und nach der Revolution setzte sich Shahira für Verletzte ein. Sie organisierte benötigte Medizin für den Tahrir-Platz. In verschiedenen Taxen fuhren wir zu ihr. In ihren sehr geschmackvoll orientalisch dekorierten Räumen organisierte sie eine Vorführung alter Trachten: Trachten der Wüste, der Oasen und aus Ober- und Unterägypten. Alle, Herren und Damen gleichermaßen, waren begeistert. Anschließend lud sie zum Lunch ein. Überall standen Kerzen. Michael wurde schon wieder besungen, und wir genossen die leckeren, nicht alltäglichen Gerichte.

Den Nachmittag nutzten viele, um nochmals auf den Basar zu gehen. Abends fand im Hotel *Longchamps* eine Icebreaker-Party statt, auf der sich die aus dem Ausland eingeflogenen Gäste mit den in Kairo wohnenden treffen konnten.

Allzu spät wurde es nicht, denn am nächsten Tag war ja der Aufbruch in die Wüste.

11. Januar

Der Bus kam, lud 49 Passagiere ein, und wir fuhren los. Im *Hot Spring Hotel* in Bahariya angekommen, bekamen wir ein köstliches, leichtes Mittagessen. Wir hatten Gelegenheit, in der Wüste nicht benötigtes Gepäck zurückzulassen und verteilten uns in kleinen Gruppen über die 14 Jeeps mit wüstenerfahrenen Beduinen am Steuer. Die Wagen waren durchnummeriert. Kein Auto durfte überholen, und jeder Fahrer musste über den Rückspiegel auf den hinteren Jeep achten. Abfahrt! Um unseren Zeltplatz bei Tageslicht zu erreichen, fuhren wir zügig und ohne Schlenker auf der asphaltierten Straße. Erst als es sicher war, dass wir unser Ziel vor Sonnenuntergang erreichen würden, ging es »off road« über die Dünen durch die dramatische Landschaft. Der von Peter ausgewählte Platz war grandios: eine Sandebene umgeben von hohen Kalkhügeln. Ein Kochzelt und ein Esszelt standen schon, sowie etwas abseits zwei kleine Zelte als Toilettenkabinen. Mit geübten Griffen baute jeder Fahrer zwei Zelte auf, alle in einer Reihe. Sie reihten auch vier Jeeps auf und bauten aus bunten Stoffen ein windgeschütztes Areal. Einige machten sich sofort an die Essenszubereitung, andere zündeten drei Lagerfeuer. Flickenteppiche machten das Sitzen im Sand gemütlich. Eine Beduinenband traf ein und spielte. Ein Wüstenfuchs kam neugierig ganz in unsere Nähe. Es gab Hähnchen vom Grill und viele verschiedene Salate dazu. Als Dessert hatte ich eine Torte mitgebracht. Sie war groß und viereckig und mit einem auf einem Marzipanteppich sitzenden Marzipankamel dekoriert. Der Sternenhimmel über uns war unbeschreiblich schön. Nach und nach schlichen alle in ihre Zelte. Jeder hatte eine dünne Matte, einen Schlafsack und eine schwere Kamelhaardecke. Diese hielt warm. Jemand sagte, er hätte in der Nacht 6 Grad C gemessen. Niemand hatte gefroren.

12. Januar

Der Morgen danach. Alle begrüßten sich herzlich. Es gab ein tolles Frühstück. Für jeden war etwas dabei: Bananen, Bohnen, Eier, Käse, Brot. Tee und Kaffee. Während die Beduinen die Zelte abbauten und das ganze Gepäck in und auf den Jeeps verstauten, gab es genug Zeit, um die Gegend zu bestaunen, spazieren zu gehen, zu fotografieren. Dann war wieder Abfahrt. Die Jeeps fuhren hintereinander über die Dünen. Wir hielten an vielen besonders schönen Stellen an und stiegen aus. Alle Teilnehmer strahlten. Sie waren überwältigt von so viel Schönheit. Immer wieder wurde ich umarmt. Was ich am meisten hörte war: »Ich habe keine Worte!« Ich genoss die Harmonie der Gruppe. Es war Freude pur!

Ein letzter Stopp bei der Schwarzen Wüste, bei der die Dünen aussehen, als hätte der liebe Gott einen Sack Schokostreusel darüberrieseln lassen. Im Hotel angekommen, bekamen wir unsere Zimmer zugeteilt. Viele von uns kletterten auf den Hügel hinter dem Hotel und sahen den Sonnenuntergang. Wer wollte, konnte sich massieren lassen oder ein Bad in der heißen Quelle genießen. Nach dem Essen versammelten sich die meisten nochmals in der Bar und sangen Oldies.

13. Januar

Nach dem Frühstück fuhr ein Minibus mit sieben Passagieren direkt zum Kairoer Flughafen. Eine Gruppe fuhr noch einmal ins Dorf, um Mumien und andere Altertümer zu besichtigen. Der Rest genoss die warmen Sonnenstrahlen auf der Terrasse.

Ich hatte für das Fest unglaublich viel organisiert und geplant. Alles war mir leichtgefallen und Michael war überglücklich!

Jetzt kommen freudvolle E-Mails von allen Seiten.

Rotary Tanzgala

Seit nunmehr zehn Jahren findet im Garten der Residenz der deutschen Botschaft der Gala-Ball des einzigen deutschsprachigen *Rotary Clubs* der Region statt. Für uns ist es etwas ganz besonders Müheloses. Wir geben lediglich unseren Garten her. Die gesamte Organisation liegt in den Händen des Klubkomitees, und obendrauf werden wir als Gastgeber genannt und ernten völlig unverdient massives Lob für Essen, Dekoration, Programm und Tanz.

Gerade fand dieses Ereignis zum vierten Mal während unseres Aufenthalts statt. Wir sind jetzt seit dreieinhalb Jahren in Kairo und haben die Achterbahn der Revolution komplett mitgemacht: das Davor, das Während, die Euphorie und die Resignation. Diese Phasen fand ich in der Stimmung des jeweiligen Festes deutlich widergespiegelt.

2010: unser erstes Mal. Der Garten war herrlich beleuchtet. Auf dem Rasen waren über 20 Zehnertische verteilt. Eine große Bühne war aufgebaut worden. An unserem Tisch saßen verschiedene Minister, die wir noch nicht kannten. Ihre Frauen waren stark mit teurem Schmuck behängt. Die Stimmung war etwas künstlich. Michael ging von Tisch zu Tisch, um viele Besucher zu begrüßen. Nach dem Essen verabschiedete sich unser hoher Besuch, und dann erst wurde getanzt. Es wurde durch Losverkauf und Versteigerung von vielen attraktiven Preisen sehr viel Geld für Rotary-Club-Projekte eingenommen.

2011: wenige Monate nach Ausbruch der Revolution. Michael hatte einen anderen, wichtigen Termin und konnte nicht dabei sein. Daher hielt ich die kleine Begrüßungsrede. Ich wusste, dass die Gäste ganz genau beobachten würden, wer mein Tischnachbar sein würde und entschied mich für unseren Freund, den Monsignore. Es wurden viel weniger Eintrittskarten verkauft. Viele der »Reichen und Schönen« waren im Gefängnis oder im Ausland, um nicht ins Gefängnis zu kommen. Diejenigen, die sich in die Öffentlichkeit trauten, trugen dezenten Schmuck. Die Stimmung war ausgelassen. An unserem Tisch wurde viel mitgesungen und gelacht. Es war die erste große Party nach der Revolution. Die Gäste hielten sich beim Loskauf zurück, und es wurde sehr viel weniger Geld eingenommen.

2012: Es waren wieder mehr Leute da, viele davon aus dem Auslandsexil zurück. Alle redeten über Politik. Viele erzählten, dass sie ständig vor dem Fernseher saßen, vor allem Talkshows ansahen und nervös Chips aßen. Unter den Gästen waren keine Minister. Es wollte keine echte Fröhlichkeit aufkommen. Die Versteigerung lief trotzdem gut. Zwei Herren spielten mit viel Esprit das Publikum gegeneinander aus.

2013: eine heiße Nacht. Um 20 Uhr war die Temperatur über 40 Grad C. Ab und zu wehte eine Brise und die Gäste stöhnten dankbar. Es gab eine Tanzshow: Tango, Latin und eine witzige Darbietung. Dann sang Mateo, der extra aus Italien eingeflogen war. Die Menschen fächelten und konnten sich kaum zum Klatschen aufraffen. Ein ägyptischer Komödiant versuchte sich mit Stand-up-Comedy auf Englisch. Als er in den letzten Minuten seiner Darbietung auf Arabisch wechselte, kam er viel besser an. Nach dem hervorragenden Essen war die Temperatur erträglich. Wir tanzten zu Mateos Gesang bis um 2 Uhr morgens.

Ausgerastet

Meine ägyptischen Freunde und Bekannte sind traurig und verunsichert. Michael arbeitet pausenlos. Fast wöchentlich kommen Delegationen aus Deutschland und werden von uns betreut. Ich arbeite hinter den Kulissen dafür, stelle mit Chef Farag Menüs zusammen und bespreche mit Hani, welche Tische und wie viele Kellner benötigt werden.

Die Lage im Land ist chaotisch. Ägypten gleicht einem Wagen, der im Schlamm steckt und nicht herauskommt, weil nicht alle am selben Ende schieben. Fast täglich lese ich in den Medien von sexuellen Übergriffen auf Frauen, die auf den Tahrir gehen. Die Sache hat System: Frauen jeden Alters werden plötzlich umringt und von ihren Begleitern getrennt. Sie werden ausgezogen und von vielen Männern überall befingert. Oft, so liest man, tun manche Männer so, als wollten sie helfen, nur, um dann selbst Hand anzulegen. Die Medien finden, da seien die Frauen selbst schuld, sie sollten sich eben von den Demos fernhalten. Ich kann kaum beschreiben, wie die Wut darüber in mir hochkocht!

Auch Übergriffe der Sicherheitskräfte auf Protestierende sorgen bei mir für einen konstant hohen Adrenalinpegel. Eine Kamera filmte, wie die Polizei einen Protestierenden auszog, schlug und über den Asphalt schleifte. Wenn die Menschen ihrer Empörung darüber Ausdruck geben, kommt wie auf Knopfdruck das Dementi. In diesem Fall wurde das Opfer dazu angehalten auszusagen, es sei von Protestierenden überfallen worden, die ihn für einen Sicherheitsmann gehalten hatten! Er hatte sich darauf eingelassen, weil er zu dem Zeitpunkt noch nicht erfahren hatte, dass das Video schon von den Nachrichtensendern in aller Welt gezeigt wurde.

Einige wenige tapfere Frauen trauen sich, über ihre Vergewaltigung zu sprechen. Obwohl mir ihre Berichte an die Substanz gehen, lese ich alle, die ich finden kann. Ich spüre eine gewaltige Ohnmacht und Wut, Wut, Wut. Ich wünschte, ich könnte eines Morgens mit einer zündenden Idee aufwachen und wissen, wie ich den Frauen helfen kann.

In dieser Stimmung ging ich mal wieder zum Friseur. Er wollte mir einen neuen Schnitt verpassen. Ich lasse mir aber schon seit Monaten die Haare nicht von ihm schneiden und verlangte deutlich nur Farbe. Meine Haare wurden getönt und geföhnt. Als ich an der Kasse stand und zahlte, sprach ich mit ihm über die Farbe, die mir zu dunkel schien. Er sah sich meine Haare an. Plötzlich nahm er eine Schere und schnitt ein Stückchen einer vorderen Strähne ab. Ohne mich zu fragen! Ich war außer mir und schrie ihn an: »Wie können Sie es wagen?« »Was tun Sie mir an!« »Ich verstehe das nicht!«

Erschrocken entschuldigte er sich und zeigte mir den abgeschnittenen Quadratzentimeter Haar. Ich fühlte mich gedemütigt, überrollt, nicht respektiert, ja: vergewaltigt. Als ich fertig gebrüllt hatte, fing ich an, am ganzen Körper zu zittern, und es liefen mir die Tränen. Eine globale Katharsis! Erst am nächsten Tag hatte ich mich beruhigt.

Am Telefon erzählte ich Steffi davon. Sie findet schon lange, wir müssten hier wegversetzt werden: »Michael soll dem Auswärtigen Amt sagen, dass du langsam durchdrehst. Neulich hättest du sogar einen Friseur angegriffen. Wenn der seine Schere nicht gehabt hätte, hättest du ihn eigenhändig zerfleischt!«

Der Anschlag

Zu unserem Glück geschah es, während wir in Deutschland im Urlaub waren. Ein Mann hatte in der ägyptischen Presse gelesen, dass in Deutschland bei Demos die Verwendung von Mohammed-Karikaturen erlaubt ist. Das empörte ihn sehr.

Er kam zur Botschaft und verstreute erst einmal Kopien des Zeitungsartikels. Dann ging er an das Fenster der Einlasskontrolle und schlug mit einem Hammer so fest auf das Sicherheitsglas, dass es einen Sprung bekam. Anschließend zündete er nacheinander drei aus Nägeln und Silvesterknallern selbst gebastelte Sprengkörper und warf sie über die Mauer zwischen Kanzlei und Residenz. Sie richteten keinerlei Schaden an. Schließlich schoss er mit einer Schreckschusspistole um sich. Das alles geschah in weniger als zwei Minuten! Erschreckend! Dann war die Polizei zur Stelle und nahm ihn fest.

Als wir vom Urlaub zurückkamen, beschloss Michael, der Polizei einen besonderen Dank zukommen zu lassen. Er bestellte eine große, etwa 20 Kilo schwere Schokoladentorte. Unser deutscher Sicherheitsbeamte hatte Michaels Besuch angekündigt. Ein kleines Komitee ging mit der Torte beladen die paar Dutzend Schritte zur Polizeistation. Der diensthabende Polizist klopfte erschrocken an eine Bürotür. Ein verschlafener Offizier öffnete. Er war barfuß, die Haare standen ihm zu Berge und seine Uniform war zerknüllt. Auch er hatte ganz offensichtlich nichts von dem angekündigten Besuch gehört. Er lief in eine andere Ecke der Polizeistation und telefonierte hektisch.

Irgendwie schaffte er es noch, zwei Kollegen heranzutrommeln. Sie nahmen die Torte gerne entgegen. Alle tauschten freundliche Sätze aus. Dann ließen sie es sich nicht nehmen, die deutsche Delegation die paar Schritte zurück zur Botschaft zu eskortieren.

Brodeln – Teil 1

Am 30. Juni jährt sich Präsident Mursis Amtszeit. Es herrscht wachsende Unzufriedenheit. Das Land ist pleite. Es gibt keine Arbeit, keinen Diesel, viele Stromausfälle, um nur einige wenige Dinge zu erwähnen. Eine Gruppe sammelt seit Wochen Unterschriften gegen die Regierung. Es heißt, sie hätten schon lange mehr als sieben Millionen. Für den 30. Juni werden viele Demonstrationen erwartet. Es heißt, die Jugend werde auf die Straße gehen. Die Jugend ist bereit zu sterben. Die Nervosität steigt. Es werden geplante Reisen ins Ausland vorgezogen. Rund um die Botschaft wird die Mauer erhöht. Diese Baumaßnahme hat schon vor Monaten begonnen, aber nun gibt man Gas. Die Menschen decken sich mit Lebensmitteln ein.

Auch die Muslimbrüder wollen demonstrieren. Für Frieden und Verständigung. Von den »Reichen und Schönen« nimmt ihnen das keiner ab. Ein neu ernannter Kultusminister hat als erste Amtshandlung die Direktorin der Kairoer Oper und mehrere andere Inhaber von wichtigen Posten im Kulturbereich entlassen. Außerdem findet er Ballett sündig. Das brachte einen großen Wirbel mit sich. Die Oper streikt. An Stelle von Aida gibt es politische Reden. Das Publikum verlangt das Geld für die Aida-Tickets nicht zurück. Das Büro des Kultusministers wird seit zwei Wochen belagert. Vor dessen Tür führen Protestierende Ballett auf. Eine Gruppe fundamentalistischer Salafisten griff sie an. Es gab einige Verletzte auf beiden Seiten. Muskelspiele.

Wo man hinkommt, wird über den 30. Juni geredet und

spekuliert. Wir hören zu und bauen weiter an unserer Mauer. Gestern sah ich, dass an der kleinen Polizeistation an unserer Ecke auch die Mauern erhöht werden!

Der Affe

Morgens beim Frühstück sehen wir Farag in den Garten stürmen. Er erzählte, er habe einen Affen gesehen und ordnet an, alle Fenster und Türen zu schließen. Wir lächelten: In Ägypten gibt es keine Affen. Ich bat um Bescheid, wenn der Affe nochmals gesichtet würde. Wenige Minuten später hieß es, der Affe sei auf dem Balkon vor meinem Büro. Tatsächlich! Ein schönes, graugrünes Männchen mit weißem Bart saß in der Bougainvillea vor meinem Bürofenster. Laut Google handelte es sich um eine »grüne Meerkatze«. Ich brachte ihm einen Apfel auf den Balkon. Er hatte keine Scheu und kam näher. Aber ich hatte Scheu und verzog mich hinter die Glasscheibe. Ich fotografierte ihn und versuchte, Youssef ein Foto zu senden. Youssef kennt auf Zamalek jeden. Vielleicht auch den Affenbesitzer? Wir telefonieren oder mailen alle paar Monate. Irgendwie klappte es nicht, ihm das Foto zu senden, aber in dem Moment rief er zufällig an! Als ich ihm von dem Affen erzählte, schickte er sofort zwei große Tüten mit organischen Erdnüssen aus eigenem Anbau vorbei. Ich gab »Pancho« Wasser, Erdnüsse und Bananen. Über Facebook fragte ich, ob jemand einen Affen vermisst. Ohne Beschreibung, damit nicht Schlangen von Menschen behaupten, er gehöre ihnen. Pancho schien sich wohlzufühlen. Er kam ganz nah an mein Fenster, und seine eigene Reflektion im Glas machte ihm Angst. Er fletschte die Zähne und stellte sich auf die Hinterbeine. Jemand erzählte mir später, man soll vor Affen nicht lächeln, denn für sie ist Zähne zeigen, Zähne zeigen …

Bei Sonnenuntergang verzog sich Pancho in den großen Eukalyptusbaum. Das brachte die Krähen, die normalerweise da schlafen, völlig in Aufruhr. Am nächsten Morgen war er verschwunden. Ich nehme an, die Baumaßnahmen an unserer Mauer haben ihn gestört. Er wurde später im Sportklub gesichtet. Danach im Garten des *Marriott*-Hotels. Am Wochenende hörte ich, er habe zurück zu seiner Besitzerin gefunden.

Brodeln – Teil 2
26. Juli

Diesel ist schon lange schwer zu bekommen. Schuld sind … Na, alle anderen, nur nicht die Regierung. Die Bauern müssen ihre Tomaten eingehen lassen, sofern sie nicht kreativ werden und sich mit Nachbars Esel behelfen. Auf den Straßen sieht man häufiger, dass Transporte per Pferdewagen erledigt werden. So sah ich neulich, wie ein hoher Berg Partystühle auf diese Art bewegt wurde. Ganz oben thronte gelassen ein Mann, dessen Verantwortung es war, alles zusammenzuhalten. Das Wort, das in den letzten Wochen in aller Munde ist, lautet: »Der Dreißigste«. Es erhält eine Eigendynamik. Hani fuhr neulich unsere letzten, tapferen deutschen Gäste zum Flughafen und beschrieb, wie voll es dort ist. Viele wollten sowieso jetzt abreisen.

Seit vorgestern gibt es auch Probleme mit dem Benzin. Vor den Tankstellen bilden sich unbeschreibliche Blechschlangen. Wir brauchten über eine Stunde, um eine Strecke zurückzulegen, die man sonst in acht Minuten schafft. Auf Zamalek gibt es zwei große Tankstellen. Der Verkehr kollabiert. Den Autofahrern ist es egal, ob sie nun gegen die Fahrtrichtung anstehen.

Auch Hani musste tanken. Michael meinte: »Den werden wir heute wohl nicht wiedersehen.« Aber nach einer Viertelstunde war er wieder da. Mit Benzin. Er erzählte, dass er direkt zum Reifenaufpumpen gegangen war. Von da aus hatte er frech und problemlos eine freie Zapfsäule ergattert.

Gestern war ich zu einem Mädelsabend verabredet. Das eine »Mädel« wollte mich abholen, stand aber im Stau. Ich ging ihr entgegen und wartete. Es waren sehr, sehr lange fünf Minuten. Ständig wurde ich angemacht und wollte im Erdboden verschwinden.

Die Nerven der Menschen liegen blank. Vorhin lief ich los, um ein paar Sachen einzukaufen und sah innerhalb weniger Blocks drei Stellen, an denen Leute sehr wütend und aggressiv aufeinander losgingen.

Der Präsident erklärt, dass der Stau an den Tankstellen daran liegt, dass sich auch Leute anstellen, die gar kein Benzin wollen! Heute Abend will er eine Rede an das ägyptische Volk halten.

Unsere Mauer ist fertig.

Brodeln – Teil 3
30. Juni

Heute ist der lang ersehnte und befürchtete Tag. Ich bin weinerlich und wütend und kann keines dieser Gefühle etwas Bestimmtem zuordnen. Michael ist seit den frühen Morgenstunden in der Botschaft. Eigentlich wollte ich mal etwas länger schlafen, aber ich kann nicht. Gestern hatten wir Gäste aus der Botschaft zu einem privaten Abendessen eingeladen. Ich räume die Küche auf und mache mir einen Kaffee. Damit setze ich mich vor den Fernseher und zappe durch *Al-Jazeera, ARD, ZDF, Nile-TV* und zurück. Nach dem Kaffee setze ich mich mit einem großen Glas Wasser vor den Computer. Ein Journalist schreibt: Es ist, als würden zwei Züge in vollem Tempo aufeinanderzurasen.

Die Anhänger des Tamarod, der Opposition, wollen 22 Millionen Menschen auf die Straße bringen. Der Ablauf soll friedlich verlaufen und wirkt in der Theorie gut durchdacht und organisiert. Nur für das »Danach« hat keiner einen Plan. Ich frage mich, ob sie mit so vielen Regierungsanhängern gerechnet haben … Wenn die größte Hitze vorbei ist, gegen 16 Uhr, werden wir mehr wissen.

Ich mache ein Online-Yoga-Workout. Das Programm dauert eine Stunde. Nach der Hälfte gebe ich auf. Ich bin aus der Puste und renne beunruhigt wieder vor den Fernseher. Nichts Besonderes. Wieder zum PC. Ich finde ein Programm mit griechischen Vokabeln für den Urlaub und sehe mir die ersten 30 Wörter an. Ins Wohnzimmer.

Nachrichten. Man sieht, wie beide Lager anwachsen. Michael ruft an, er kann in einer halben Stunde Mittagspause machen. Wir essen gemeinsam, und er saust wieder los. Ich stelle den Fernseher an. Auf *Nile-TV* wird darüber diskutiert, wer mit den Ausschreitungen bisher begonnen hat. Ich stelle das TV auf leise und übe einen neuen Rhythmus auf der Gitarre. Nach zehn Minuten gehe ich wieder an den Computer. Es ist 15 Uhr. Das Militär wirft ägyptische Fähnchen über dem Tahrir-Platz ab. Die Opposition interpretiert das als eindeutige Stellungnahme für sich.

1. Juli

Ich konnte nicht schlafen, meinte ständig, etwas zu hören: Sirenen, Geschrei, oder haben wir wieder Ratten in der Zwischendecke? Seit die Menschen dermaßen massiv die Straßen Kairos belagern, finde ich die Spannung nicht mehr so bedrohlich. Der Druck aus dem Dampfkochtopf ist raus. So konnte ich heute unsere eher privilegierte Position als Zuschauer erkennen und annehmen. Es ist insofern stressfrei (soll ich »noch« sagen?), als dass es keine Ausgangssperre gibt, die im Januar 2011 zu unserem Massenlager und einem Kochen à la Jugendherberge geführt hatte. Außerdem sind zur Zeit keine ausländischen »Spione« im Visier, und wir sind daher nicht per se bedroht. Michael berichtet nach Berlin, ich informiere mich online und über die bekannten TV-Sender. Es ist wie gestern, nur bedeutend ruhiger. Und dann kam das Ultimatum der Tamarod-Bewegung: Mursi habe bis morgen um 17 Uhr Zeit zu gehen, sonst gebe es zivilen Ungehorsam. Da drängen sich mir doch ganz schnell Bilder vom Januar 2011 auf. Am Nachmittag setzte das Militär ein Ultimatum: »Wenn ihr euch innerhalb von 48 Stunden nicht geeinigt habt, greifen wir ein!« Die Muslimbrüder fühlten sich unterstützt und die Opposition auch! Eine Welle von Optimismus schwebte über dem Tahrir. Als dann bei Sonnenuntergang vier Militärhelikopter mit großen ägyptischen Fahnen am Bauch die betroffenen Stadtteile überflogen, jubelte die Menge und sang die Nationalhymne.

Brodeln – Teil 4
2. Juli

In der Nacht auf heute konnte ich besser schlafen. Das bedeutet für mein Wohlbefinden die halbe Miete. Ich wollte die positive Situation unterstützen und gleich mit einer kleinen Yoga-Einheit beginnen. Leider stockte das Video immer wieder. Erst später konnte ich darüber lachen. Ausgerechnet in den Ausharrpositionen blieb es hängen, und ich fluchte vor mich hin. Nein, so machte das keinen Spaß. Außerdem merkte ich, wie mir die Decke auf den Kopf fiel. Ich erkundigte mich nach der Benzin-Situation. Die Tankstellen wurden neu beliefert, kein Problem. Also fuhr ich mit Hani zu einem Einkaufszentrum, etwas außerhalb der Stadt, Richtung Alexandria. Es war kurz vor 11 Uhr, und die Läden machten gerade auf. Etwa anderthalb Stunden hielt ich mich dort auf. Dabei ging es mir darum, Menschen und Leben zu sehen. Die Menschen wirkten alle bedrückt. Ein paar bunte Kleinigkeiten kaufte ich mir und freute mich darüber.

Heute ging das Personal um 13.30 Uhr nach Hause. Michael kam zwar für kleine Pausen nach Hause, wurde aber ständig angerufen und ist auch jetzt um 23 Uhr noch »drüben«. Die Wachpolizisten vor Botschaft und Residenz seien verschwunden, so hieß es vor ein paar Stunden. Sie hätten an der spanischen Botschaft um Asyl gebeten. In der Stadt gibt es Kämpfe. Die Muslimbrüder geben nicht so leicht auf. Es ist wieder viel Wut in der Luft.

Der Morgen danach
4. Juli

Das ägyptische Volk hat es geschafft. Großer Jubel. Gefühle von Neustart und Hoffnung. Ich spüre, wie die Anspannung der letzten Tage langsam nachlässt. Körperliche Schmerzen, von denen ich nicht wusste, dass sie vorhanden waren, bemerke ich jetzt, da sie sich auflösen. Das Land hätte so viel Potenzial! Mein heimlicher Wunsch ist, dass die Tahrir-Jugend sich mit ihren Idealen durchsetzt, bevor das alte Regime sich in seine gewohnten Sessel gleiten lässt. Im Netz wird zu Aufräumaktionen aufgerufen. Es wird viel auf die USA geschimpft, weil sie bis zum Schluss zu den Muslimbrüdern gehalten haben und die Botschafterin sich stark eingemischt hatte. Das kam nicht so gut an. Jetzt können wir wieder auf unseren Hochsitz klettern und alles beobachten. Aber in Ruhe.

5. Juli

Für heute haben die sehr empörten Muslimbrüder zu einer Massenkundgebung aufgerufen. Im Moment ist Gebetszeit. Noch vor wenigen Minuten flogen Militärflugzeuge in Formation. Schon wieder Machtspiele.

Ich will ja gar nicht politisieren. Ich bin hier Gast und darf zugucken. Aber heute habe ich den Impuls, meine ganz private Ansicht aufzuschreiben und mir dabei zu wünschen, dass ich Unrecht habe.

Als ich noch in die Schule ging, erzählte mir mein Bruder folgenden Witz: *Fritz und Franz laufen über eine Wiese und finden eine dicke Kröte. Fritz sagt: »Wenn du mir fünf Mark gibst, esse ich die Hälfte der Kröte!« Franz schlägt ein. Fritz isst die halbe Kröte. Franz gibt ihm widerwillig die fünf Mark und schweigt. Dann hat er eine Idee: »Wenn ich die andere Hälfte esse, kriege ich meine fünf Mark wieder!« Fritz schlägt ein. Franz isst die andere Hälfte der Kröte und bekommt seine fünf Mark wieder. Eine Weile lang schweigen beide. Dann sagt der eine zum anderen: »Kannst du mir sagen, wofür wir die Kröte geschluckt haben?«*

Ich habe starke Befürchtungen, dass dies die Situation ist, auf die sich Ägypten zubewegt. Die Jugend hatte genug von Mubarak, von den reichen Korrupten und den Militärs mit ihren endlosen Privilegien. Sie gingen 2011 auf die Straße. Mubarak kam ins Gefängnis. Viele Reiche gingen ins Ausland. Die Muslimbrüder gewannen die Wahlen. Im Gegensatz zu allen anderen Parteien hatten sie eine stille Untergrundarbeit geleistet. Sie stahlen der Jugend die Revolution, nannten sich die neue Demokratie. Sie hatten keine machtvolle Unterstützung. Von den

Erfahrenen wollte sich keiner die Finger dreckig machen. Sie versprachen Großartiges und setzten es nicht um. Sie regierten nur für ihre eigene Lobby. Abermals ging die Jugend auf die Straße. Sie fanden sofort viele Anhänger in der frustrierten Bevölkerung. Sehr viele Anhänger. Darunter viele der alten Garde und … das Militär. Der Präsident hat Hausarrest. Mehrere Köpfe der Muslimbrüder sitzen jetzt in demselben Gefängnis wie Mubarak.

Die Übergangsregierung soll aus Repräsentanten aller Parteien und Religionen bestehen. Heute hörte ich, man wolle *sogar* die Jugend mit einbeziehen, »… damit sie etwas über Politik lernt«. Das klingt mir sehr verdächtig! Wenn die Jugend nicht sofort deutlich an die Macht kommt, dann wird, nehme ich an, in Ägypten gerade die zweite Hälfte der Kröte geschluckt. Das ist sehr traurig.

Viel lieber wäre es mir, wenn es die Jugend mit der klugen und wohlwollenden Unterstützung von Erfahrenen schaffen würde, aus Ägypten ein Land zu machen, von dem alle anderen lernen können. Das Potenzial wäre durchaus vorhanden.

8. Juli

Es gab viele Tote heute Morgen vor dem Präsidentenpalast. Es ist noch nicht klar, was geschehen ist. Ein ägyptischer Sender zeigt Männer, die Kloschüsseln von einem Dach hinunterwerfen. Die Botschaft empfiehlt Familien, auszureisen. Ich habe sowieso schon lange für Donnerstag einen Flug nach Athen gebucht. Da treffe ich meine Freundin Sasa, und wir machen eine Kreuzfahrt auf einer großen Motorjacht für maximal 50 Passagiere.

Ich bin gespannt, wie sich die Lage in Ägypten verändert. Morgen oder übermorgen beginnt Ramadan. Das Land wird kaum zur Ruhe kommen.

9. Juli

Wie kann man nur so ausgelaugt sein? Heute gehe ich mal in den Klub, um eine Runde zu schwimmen. Einfach mal vor die Tür gehen. Das Gästezimmer wird für einen Kollegen aus der Botschaft vorbereitet. Er wohnt weit weg und der Weg ist kompliziert, da er am Tahrir vorbeiführt. Ein weiterer Kollege überlegt, ob er dazukommt. So sehr ich dieses Land und die Menschen mag, merke ich, dass ich an eine bestimmte Grenze gekommen bin. Alles in mir sagt: Bitte nicht schon wieder! Neulich sah ich einen Kitschfilm im Fernsehen. Er spielte in Schweden und alles war absehbar. Keine großen Dramen, schöne ruhige Landschaften. Ich weiß, dass ich ein »normales« Leben mit einem Job von 9 bis 17 Uhr sehr schnell langweilig finden würde. Aber eine kleine Pause käme jetzt schon ganz gut. Das ist untertrieben, denn meine Nerven liegen blank:

Ich glaube, ich habe einen »Kairo-Koller«. Immer öfter breche ich »grundlos« in Tränen aus, meine Fröhlichkeit ist weg, und wenn ich mir überlege, was mir jetzt wirklich Spaß machen würde, fällt mir überhaupt nichts ein. Als ich mir das heute Morgen beim Aufwachen eingestanden habe, klingelten alle Alarmglocken.
Mein therapeutischer Werkzeugkoffer ist zwar ganz gut ausgestattet, reicht aber momentan nicht. Ich mache täglich Online-Yoga, meditiere, schreibe, lese, male, übe Gitarre, spreche über Skype mit meinen Töchtern und ziehe mich »richtig« an, obwohl ich weiß, dass ich das Haus nicht verlassen werde.

Die neue Revolution begann für mich gefühlsmäßig schon zwei Wochen vor dem 30. Juli. Die Luft wurde immer dicker, und ich überlegte mir jedes Mal gut, wohin ich wollte, ob eine Fahrt wirklich notwendig war und schließlich blieb ich immer öfter zu Hause. Immer mehr Einladungen wurden abgesagt. Es folgten die bekannten Ereignisse. Als es losging, dachte ich: »Bitte nicht schon wieder.« Es fühlt sich an, wie wenn man in den Urlaub fährt und auf der Fahrt viermal einen Platten hat. Es ist zu lange zu viel.

Während ich bei der Revolution 2011 aktiv werden konnte, ist diesmal das Zugucken angesagt. Ich startete die oben erwähnte tägliche Routine und machte sogar mit einer guten Freundin eine tolle, einwöchige Reise auf einem kleinen Schiff in der Ägäis. Es war paradiesisch. Wir fuhren kleine Buchten an und konnten direkt vom Schiff in das glasklare Wasser springen.

Die Erholung hält nicht an. Ich bin erst seit zwei Tagen zurück!

Die Demos finden nicht mehr an einem bestimmten Ort statt, und vorgestern war eine direkt vor der Botschaft. Eine positive Änderung der Lage im Land ist derzeit nicht zu erwarten.

Gibt es eine Strategie, um in solchen Situationen nicht vollends depressiv zu werden?

24. Juli

In der Großküche der Residenz steht ein Fernseher. Als ich Farag und Hani fragte, ob es etwas Neues gäbe, sagten sie: »Nein, alles ruhig! Es gibt nur einen ›Marsch der Millionen‹.«

Ich habe mit Michael gesprochen. Wir kamen zu dem Schluss, dass es wenig Sinn macht, dass ich hier in Kairo bleibe. Die meisten Leute sind im Urlaub oder fasten und wollen in Ruhe gelassen werden. Michael sehe ich immer nur flüchtig. Ich suchte einen Flug nach München. Einfach, um die Zeit bis zu unserer gemeinsamen Reise abzukürzen. Normalerweise fliege ich ganz gern mit *Egyptair.* Die Maschinen kommen und gehen zu menschlichen Zeiten und erlauben pro Passagier zwei Koffer à 23 Kilogramm. Ich nutze das auf dem Hin- und auf dem Rückweg! Normalerweise ist die Lufthansa auch fast doppelt so teuer. Diesmal war aber der Lufthansaflug der günstigste. Ich buchte und merke, wie es mich diesmal beruhigt, dass es Lufthansa ist. Der Verteidigungsminister hat tatsächlich zu einem »Marsch der Millionen« aufgerufen, der zum Ziel hat, dass das Volk dem Militär die Erlaubnis gibt, den Terrorismus im Land zu bekämpfen. Ich sagte zu Michael: »Für mich ist das, als wenn Farag eine Demo organisiert, damit er die Erlaubnis zum Kochen bekommt …«

Es riecht verdammt nach Blutvergießen. Ich sorge mich sehr.

28. Juli

Ich sitze am Kairoer Flughafen in der Abflughalle. Mein Koffer enthält viele Elementarteilchen. Damit komme ich klar, selbst wenn ich am 9. August nicht zurück nach Ägypten reisen sollte. Gestern fühlte ich mich sehr zerrissen. Ich war froh über die Entscheidung zu reisen, hätte aber Michael so gerne mitgenommen! Wir hatten einige sehr schöne Gespräche, immer wieder unterbrochen durch Anrufe und neueste Nachrichten im Fernsehen. Plötzlich sah ich ein einzigartiges Bild vor mir. Durch einen Schlitz, der sich auf Michaels Brustkorb öffnete, stieg ich in seinen Körper und umarmte ihn.

Hani fuhr mich zum Flughafen. Es galt, eine bestimmte Stelle auf der Autobahn zu passieren, danach wurden keine weiteren Dramen erwartet. An der besagten Stelle war viel Stau, aber wir kamen gut durch. Ich bin dreieinhalb Stunden zu früh am Flughafen. Besser so.

Noch eine Pause

In München dauerte es fünf Tage bis ich spürte: »Jetzt bin ich da!« Ich genoss es, in kurzen Hosen mit Anais und Rufus über die Wiesen zu streifen. Fragte jedes Mal: »Kann ich wirklich so raus?« Einmal fuhr ich mit Freunden an den Starnberger See zum Schwimmen. Eine Wohltat! Es nahte der Tag der Entscheidung: »Soll ich zurückfliegen oder einfach hierbleiben?« Es zog mich nach Kairo zurück. Anais war fassungslos: »Es ist, als hätte ich Rufus aus einer Schlammpfütze herausgezogen, ihn gewaschen und getrocknet und er springt wieder hinein!« Am Telefon erzählte Michael von seinem täglichen Minutenprotokoll. Ich wurde wieder unsicher. Ich bat ihn, mir einen guten Grund zu nennen, um zurückzufliegen. Er versprach, für ein verlängertes Wochenende mit mir ans Rote Meer zu reisen. Als Vorurlaub. Am Freitag kam ich wieder in Kairo an.

Das volle Leben nach Ende des Ramadan hat noch nicht wieder begonnen. Viele Menschen sind im Urlaub. Viele der betuchten Kairener haben für die heißeste Zeit des Jahres Eigentum an der Nordküste. Ich treffe mich mit einigen anderen Frauen der Botschaft am Schwimmbad im Klub. Wenn man früh geht, ist er praktisch leer. Ich kannte den Pool nur überfüllt. Normalerweise wird Schwimmunterricht parallel von vier Lehrern gegeben. Jeder versucht, den anderen an Lautstärke zu überbieten. Am anderen Ende wird das Springen trainiert. Man kommt nur im Zickzack über eine Poollänge. Jetzt jedoch ist es paradiesisch. Die Bewegung tut gut. Das Gespräch mit den anderen Frauen auch.

Eine große Sorge gilt der Frage, ob demnächst das Schuljahr an der deutschen Schule starten kann. Eine Blockade der Muslimbrüder ist ganz in der Nähe. Und derzeit ist kein Durchkommen. Täglich hören wir die wildesten Spekulationen darüber, wie die Regierung mit den Sitzblockaden umgehen will. Michael und ich brauchen dringend richtigen, langen Urlaub!

Marsa Alam

Nach Marsa Alam am Roten Meer geht von Kairo täglich nur ein Flug. Am Mittwoch fuhren wir sehr zeitig los. Über vier Stunden vor Abflug. Es wurde eine »interessante« Fahrt. Fahrer Alaa hatte sich informiert. Die normale Strecke quer durch die Stadt war blockiert. Wir probierten auf die Ringroad zu kommen. Erst floss der Verkehr gut. Plötzlich kamen uns auf unserer Seite der Autobahn Wagen entgegen. Wir mussten auf dem Pannenstreifen weiterfahren. Doch plötzlich stand alles still. Weiter vorne gäbe es Schießereien. Wir beschlossen, den Ring andersherum zu fahren. Es passierte genau dasselbe: Zuerst ging es gut, dann kamen uns Autos entgegen und schließlich stoppte alles wegen Schießereien.

Es rief jemand an, um zu sagen, dass die Straße durch die Stadt nun frei sei. Mir war mulmig zumute. Ich bat Michael, lieber nach Hause zu fahren. Wir vereinbarten, nur noch einen Versuch zu machen. Tatsächlich war die Strecke frei. In weniger als 20 Minuten waren wir am Flughafen.

Die Tage am Roten Meer sind nun vorbei. Wir genossen jede Minute, lasen viel und schnorchelten heute Morgen noch vor dem Frühstück. Wer weiß, was uns die nächste Zeit bringt.

Unser konkretes, nächstes Hindernis ist, ob wir nach unserer Landung am Flughafen um 19 Uhr überhaupt nach Hause können. Denn um 19 Uhr beginnt derzeit die Ausgangssperre und die Hotels sind angeblich ausgebucht. Menschen schlagen sich um die wenigen Taxis, die noch fahren.

Ich habe Bauchweh und fühle mich ganz, ganz traurig.

Auf dem Rückflug von Marsa Alam nach Kairo hatte es die Crew sehr eilig. Sie wollten wohl selbst Probleme mit der Heimfahrt vermeiden. Die Stewardess sprach so schnell, dass man die üblichen Sicherheitshinweise noch weniger verstand als sonst. Der Pilot segelte nicht wie sonst in großen Kreisen immer tiefer, sondern sank eher im Sturzflug. Trotzdem war es schon 19.15 Uhr, als wir im Auto saßen. Der Sicherheitsbeamte der Botschaft war mit Fahrer Alaa mitgekommen.

Die Hauptverkehrsader Richtung Zamalek wurde durch Panzer und Militär gesperrt. Der Fahrer fragte sich durch. An einer Stelle wurde eine Stacheldrahtwand für uns aufgeschoben. Nach einer knappen Stunde kamen wir zu Hause an.

Ich habe das Gefühl, dass sowohl die Regierung wie auch die Opposition lügen, manipulieren, töten und dann wieder lügen. Ich habe so derartig genug von dieser Situation!

Ein neues Kairo-Jahr

Ein Kairo-Jahr geht vom Schulanfang im September bis zum Schulschluss im Juni. Im Land herrscht … Ja, was denn? Erleichterung darüber, dass die Islamisten im Gefängnis oder tot sind. Die Menschen in meiner Umgebung werden sehr schnell aggressiv, wenn jemand etwas nicht Positives über das Militär sagt. Schwarz oder Weiß, etwas dazwischen gibt es nicht. Existiert nicht. Punkt. Das kommt Menschen aus dem Mund, die studiert haben, bereist, kultiviert und belesen sind. Von ihnen sind wir umgeben. Sie tragen ihre Meinung mit so einer Überzeugung vor, dass ich beginne, an meiner zu zweifeln.

Manchmal werde ich nach meiner persönlichen Meinung gefragt. Ich sage dann nur das, was ich auch wirklich unterschreiben könnte, lasse aber große Teile weg, um Konflikte zu vermeiden. Übrig bleibt mir eine große Hoffnung in die ägyptische Jugend. Es gibt so viele brillante, kreative junge Menschen! Ich sage zum Beispiel gerne: »Als der liebe Gott die Kreativität verteilte, stand ein Ägypter ganz vorne in der Reihe.« Das meine ich auch! Eigentlich hätte Ägypten das Zeug dazu, ein Vorzeigeland für den Rest der Welt zu werden. Nach »hätte« kommt »wenn«.

Noch immer herrschen Ausnahmezustand und Ausgangssperre. Jeden Tag zwischen 24 Uhr und 5 Uhr, freitags schon ab 19 Uhr. In sieben bis neun Monaten wird man sich über einen enormen Anwuchs der Geburtenrate noch wundern! Ausgangssperre *und* häufiger Stromausfall!

Neulich war der chinesische Nationalfeiertag. Es war

der erste Empfang im neuen Kairo-Jahr. Ich traf viele Bekannte, die ich seit über drei Monaten nicht mehr gesehen hatte. Manche Namen waren mir entfallen. Ich fühlte mich wie zu Hause und gleichzeitig fremd.

Nun findet nächste Woche der deutsche Nationalfeiertag statt. Man weiß nicht, ob wegen der Sicherheitslage weniger Leute kommen als sonst, oder ob die meisten kommen, weil endlich eine Party stattfindet. Sie denken vielleicht, dass wenn die Deutschen feiern, Sicherheit kein Thema ist.

Die deutschen Schulen in Kairo starten mit einer Woche Verspätung. Die Organisationskomitees der Weihnachtsbasare beginnen ihre jährlichen Sitzungen. Die Bestellung der Ware ging Anfang der Woche raus.

Heute ist der 27. September.

Nationalfeiertag

2013 wurde der 3. Oktober schon am 2. Oktober gefeiert. Das Fest war ein Großerfolg! Die Menschen kamen in Scharen. Endlich fand wieder etwas statt. Das diesjährige Motto war »Berlin«. Für das Catering hatten wir das *Kempinski*-Hotel ausgewählt. Wir hatten im vergangenen Jahr schon gute Erfahrungen mit ihnen gemacht, und seit einigen Monaten hat ein deutscher *General Manager* die Zügel in der Hand.

Ich schlug vor, Buden aufzustellen, so wie man sie in Berlin auf den Märkten sieht. Die Idee dabei war, eine Stampede auf das Büfett zu vermeiden. Die Idee wurde akzeptiert. Meine Schwierigkeit ist, dass ich nie weiß, ob meine Vorschläge wirklich gut sind oder ob sich nur niemand traut, mir zu sagen, dass es so nicht klappen kann. Der erste Menüvorschlag war völlig lieblos und auf den ersten Blick unbrauchbar. Im Nachhinein weiß ich, dass ein unbrauchbarer Vorschlag eine gute Inspiration dafür ist, einen vernünftigen Vorschlag zu kreieren.

Eine Woche vor dem Fest gingen wir zu viert zum Probeessen. Bezüglich der Buden einigten wir uns auf einen Stand für Buletten mit Kartoffelsalat, einen für Döner und Falafel, einen für die aus Deutschland extra eingeflogenen Currywürste und auf einen Stand für Nachspeisen: Berliner Pfannkuchen, Käsekuchen und Bayerische Creme. Daneben ein Büfett mit schönen Salaten, vegetarischer Lasagne, Spätzle, Huhn in Mandelsauce und Spinatgratin. Dann betrachteten wir die Zeichnung vom Garten mit dem Plan für die Aufstellung der Buden, Bistrotische, der Bühne und des Büfetts. Meine Buden waren auf dem Plan nebeneinander aufgereiht, was den Sinn der Sache völlig verfehlte. Ich erklärte alles noch einmal. Wohlwollendes Nicken von Seiten des Catering-Personals … Es wurde vermerkt, dass die Buden nicht zusammenstehen dürfen.

Am Tag vor der Party wurden die Tische und die Buden geliefert. Jemand hatte eine Kopie des Plans für den Aufbau in der Hand. Es war der alte Plan mit den Buden in einer Reihe! Für Überraschung sorgte zudem die Information, dass nicht nur ein, sondern zwei Büfetts aufgebaut würden. Davon war nie die Rede gewesen. Ich ließ mich von dessen Notwendigkeit überzeugen. Als aber der Hotelvertreter vorschlug, auf den Büfetts auch Nachtisch aufzustellen, musste ich mich zusammenreißen, um beim Sprechen nicht Feuer zu spucken! Der Sinn der Buden war immer noch nicht verstanden worden!

Eine weitere Maßnahme, um die Gäste möglichst in alle Ecken des Gartens zu locken, war der Aufbau von drei Bars. Zwei waren perfekt platziert. Die dritte war sehr nahe am Eingangsbereich und am Büfett. Ich zähmte meinen inneren Drachen. Ich diskutierte so lange, bis die Bar an das andere Ende des Gartens kam. Ich sah, dass der Hotelvertreter von meinen Argumenten gar nicht überzeugt war. Soweit mein persönlicher Einsatz zur Organisation.

Inzwischen beschäftigte sich Michael mit seiner Rede. Ein schwieriges Unterfangen, denn ein paar Wahrheiten wollen gesagt sein, man will niemanden verletzen und seit einigen Monaten sind die Menschen sehr empfindlich. In den vorigen Jahren hatte Michael unterschiedliche Abschnitte seiner Rede auf Arabisch, Englisch oder Deutsch gehalten. Diesmal wollte er sie nur auf Englisch halten.

Die Würste waren gut gelandet. Ein Botschaftskollege hatte mithilfe von Lufthansa drei große Kisten mitgebracht. Die Sauce zur Currywurst hatte der Hotelmanager selbst angerührt. Aufbau, Dekoration, Licht und Musik, alles war bereit. Es konnte losgehen.

Die deutschen Gäste waren für 19 Uhr eingeladen, alle anderen für 19.30 Uhr. Als wir uns um 18.45 Uhr zur Begrüßung am Eingang aufbauten, waren schon mindestens 100 Gäste da! (Bei den Deutschen muss man pünktlich sein!) Anderthalb Stunden lang schüttelten wir Hunderte von Händen. Es waren etwa 1.500 Gäste da. Darunter einige Minister und verschiedene Regierungsmitglieder, was Michael in Anbetracht der undurchsichtigen politischen Situation ganz besonders freute.

Unsere Botschaft gibt jedes Jahr ein kleines Vermögen aus, um eine erstklassige Tonanlage zu ermöglichen. Bei Nationalfeiertagen anderer Länder erleben wir meistens, dass der Sound so schlecht ist, dass niemand bei der Rede zuhört. Die Hymnen werden von einer CD abgespielt, und sehr oft geht damit auch etwas schief: falsche Reihenfolge, die Hymne beginnt in der Mitte, die Lautsprecher knacken und fiepen. Daher lassen wir die Hymnen gerne live singen. Auf der Bühne bauten sich diesmal 18 Schüler der deutschen Europaschule auf. Sie waren sehr schick angezogen und sichtbar stolz. Die ägyptische Hymne wurde im letzten Vers sogar von einer Trommel begleitet.

Michael und ich ließen uns »hinter den Kulissen« bis zur Bühne schleusen. Das war für mich ein besonders schöner Moment. Auch er empfand es als beruhigend, mich in der Nähe der Bühne zu wissen. Seine Rede kam gut an. Michael war souverän, sympathisch, ruhig und authentisch. Zweimal wurde er durch Applaus unterbrochen. Ich war sehr stolz auf ihn! Jeder, ob Ägypter oder Ausländer, lobte seine Worte. Ach, was tat das gut!

Ich hatte im Laufe des Abends mehrere sehr schöne Gespräche. Der Berliner DJ legte Lounge-Musik auf und mehrere Leute wagten kleine Tanzbewegungen am Platz. Vor der Currywurst-Station war eine lange Schlange, die sich aber zügig vorwärtsbewegte. Der Plan, den Ansturm auf das Büfett zu zerstreuen, funktionierte. Kurz vor elf wurde über Lautsprecher an die Ausgangssperre erinnert. Ich konnte Michael gerade noch daran hindern, die letzten 30 Gäste auf ein paar weitere Gläser ins Haus einzuladen. Zügig verließen auch sie den Garten. Zurück blieb Peter. Er hatte schon vorher angekündigt: »Ich bin der harte Kern!«

Zum großen Ärger meines eigenen Personals ließen die Kellner alles stehen und verschwanden. Es war abgemacht gewesen, dass sie alle Essensreste und den Müll entsorgen und am nächsten Tag zum Aufräumen antreten würden.

Durch die Situation im Lande kann das Hotel nicht genug angelerntes, eigenes Personal aufbieten, und es waren viele auswärtige Kellner im Einsatz. Der Tag danach. Der Garten war in einem chaotischen Zustand: kaputte Gläser, Flaschen und Dosendeckel und viel, viel Abfall neben den Müllsäcken. Die Küche sah aus wie nach einer Schlacht. Die Gästetoiletten auch. Vor der Küche, wo das Hotelpersonal das gebrauchte Geschirr gestapelt hatte, lag Essen auf dem Boden. In einem Topf hatte man angebrochene Getränke entsorgt. Zigarettenkippen und Papierservietten schwammen darin. In der Küche war Frittieröl übergelaufen und vom Hotel war niemand auf die Idee gekommen, es aufzuwischen. Die Aufräumtruppe nahm ihre Arbeit auf. Morgen würde alles aussehen, als wäre nichts gewesen.

Im Auge des Vulkans

So nennt Michael unsere derzeitige Lage: eine Mischung aus dem »Auge des Orkans«, der »Ruhe vor dem Sturm« und dem »Tanzen auf einem Vulkan«. Und so fühlt es sich auch an. Heute sind wir genau vier Jahre in Kairo. Unfassbar!

Es ist politisch vergleichsweise ruhig. Trotzdem stehen wir wieder einmal unter Strom. Es sind keine hohen Besuche aus Deutschland geplant. Dort sind Koalitionsverhandlungen und wir warten auf Resultate. Natürlich bewegen uns die Fragen: Bleiben wir bis zum Sommer 2014 in Kairo? Geht es zurück nach Berlin? Bekommen wir einen neuen Auslandsposten? Und wann? Wo werden wir Weihnachten feiern? Können wir fest damit rechnen, dass wir dann noch in Ägypten sind? Alle Pläne liegen vorerst auf Eis. Diese Situation kennen wir. Sie ist aber doch jedes Mal eine Herausforderung.

Was wünsche ich mir? Ich wünsche mir eine »frohe Botschaft«. Das ist kein geografisch festzulegender Ort. Ich hänge sehr von den Menschen in meiner nahen Umgebung ab. Wenn ich an einem neuen Posten zwei bis drei tolle Menschen kennenlerne, mit denen ich die neue Stadt erobern kann, geht es mir gut. Ich erinnere mich an eine mitausgereiste Partnerin, die auf ihren Wunschposten kam und dort drei Jahre lang litt. Die Haushälterin der Residenz war ein richtiges Monster und aus irgendeinem Grund konnte ihr nicht gekündigt werden. Jedenfalls bin ich in der jetzigen Ungewissheit sehr froh darüber, dass wir keine Schulkinder mehr haben.

Die relative Ruhe nutzen wir für Aufräum- und Ausmistarbeiten. So können wir unsere Energien gut kanalisieren, und es stellt sich ein Gefühl von Zufriedenheit ein.

Metamorphose im Mikrokosmos

Was hat sich in den vier Jahren bei unserem Personal geändert? Es arbeiten hier: Farag, Hala, Hani, Ahmed und Mohammed. Den Namen nach sieht es so aus, als hätte sich nichts verändert.

Gleich in unserem ersten Jahr war Schmuck aus unserem Schlafzimmer verschwunden.

Der Sicherheitsbeamte der Botschaft hatte die Vernehmung des Personals übernommen. Das Resultat war, dass wir bis jetzt nicht mit Sicherheit wissen können, wer der Dieb war, dass aber Mohammed (der Kapitän) sehr verdächtig und keinesfalls mehr als Organisator der Residenz haltbar war. Direkt nach der Vernehmung durfte er sein Schließfach ausräumen und gehen. Hala war entsetzt, denn Mohammed ist ihr Halbbruder. Ich machte meinen Fahrer Hani zum Butler und Organisator der Residenz. Da waren alle schockiert. Ganz besonders Hani selbst. Als einziger Kopte genießt er bei den anderen wenig Autorität. Hala schmollte und sabotierte, indem sie nur das Nötigste tat. Da probierte ich einen weiteren Schachzug und engagierte einen anderen ihrer Halbbrüder, Ahmed. (Ich muss ja wegen des Fehlers, den einer begeht, nicht die ganze Familie bestrafen.) Nun war Hani entsetzt. Ahmed wollte sich von Hani nichts sagen lassen und kommandierte die externen Kellner herum, die wir zu größeren Anlässen immer hinzuziehen. Ich kaufte für Hani einen dunklen Anzug mit Fliege und für Ahmed eine weiße Kellnerjacke und klärte die Aufgabenverteilung.

Hani hat seitdem sehr viel mehr Selbstbewusstsein. Wenn er früher manchmal beim Bedienen mithalf, fielen ihm vor lauter Zittern die Tassen aus der Hand. Jetzt lernt er andere Kellner an und organisiert für Empfänge alles, außer das Essen. Wenn Michael und ich uns für einen Empfang im eigenen Hause umkleiden, klingelt mindestens eine Viertelstunde vor der Zeit das Telefon. Hani fungiert als Frühwarnsystem und sagt: »Firsta guesta coma.«

Als Anais noch bei uns wohnte, bekam sie einmal Besuch von einem Kollegen aus der Hotelmanagement-Schule. Zusammen lernten sie Hani und Ahmed an und luden, um das Gelernte sofort umzusetzen, zehn Freunde zum Abendessen ein. Die Freunde sollten sich richtig in Schale werfen. Auf den Tischkarten waren sie in Graf von Soundso und Madame de la XY getauft worden. Es gab ein Viergängemenü. Während Hani und Ahmed bedienten, notierten sich die beiden Hotelprofis alles, was ihnen auffiel. Sie hatten viel Spaß und die lernenden Kellner viel Angst. Am nächsten Tag gab es Feedback.

Ahmed musste uns aus gesundheitlichen Gründen verlassen. Es kam ein neuer Mohammed als Reiniger. Er macht sich sehr gut und kann sogar ein paar Brocken Englisch sprechen. Ob er Englisch auch versteht, bezweifle ich. Jedenfalls passt er gut ins Team.

Hala kümmert sich weiterhin um die Reinigung der privaten Räume und um die Wäsche. Sie liebt es, kreativ zu sein. Wenn sie etwas dekorieren darf, blüht sie auf.

Farag hat durch mich unendlich viele neue Rezepte kennengelernt. Er probiert gerne neue Sachen aus. Meistens geht das gut. Manchmal geht es daneben. Aber auch wenn man immer dasselbe kocht, geht es manchmal gut und manchmal daneben. Einmal wollte ich einen grünen Reis als Beilage. Gemeint hatte ich so etwas wie einen Reis mit viel Petersilie. Farag machte aus frischen Kräutern einen sehr grünen Sud und kochte den Reis darin. Er war so grün, dass er wie künstlich gefärbt wirkte. Zufällig trug ich bei dem Essen einen Rock in demselben Grün, was für viel Heiterkeit am Tisch sorgte! Gleich im ersten Jahr hatte ich für Farag ein Set Zähne finanziert. Seitdem lacht er gern.

Ahmed, sein Sohn, ist still und eigentlich nur fleißig, wenn sein Vater ihn antreibt. Dann wienert er die Küche von oben bis unten und macht die Einkäufe. Vor zwei Wochen hat er geheiratet. Dadurch, dass er oft unterwegs ist, um die Einkäufe zu erledigen, ist es schwierig zu kontrollieren, wann er schwänzt. In den vergangenen Monaten fiel er durch Abwesenheit auf. Neulich hatte sein Vater frei, und Ahmed kam spät und brachte nichts auf die Reihe. Michael fragte ihn, ob er sicher ist, dass er weiter bei uns arbeiten möchte. Ich setzte noch eins drauf, indem ich sagte, dass er diesen einen Monat hat, um uns zu zeigen, wie gut er ist.

Ich hänge an diesen Menschen mit allen ihren Macken und bewundere, wie sie mit meinen zurechtkommen.

Déjà-vu: Adventszeit am Nil

Es ist, wie immer um diese Zeit, gesellschaftlich sehr viel los. Wenn ich jetzt von unserem Programm in den nächsten Wochen erzähle, habe ich jede Menge an Einladungen weggelassen, die wir schlicht nicht annehmen konnten. Es sind pro Abend manchmal drei oder vier.

Am Freitag, den 29. November, findet wieder der Weihnachtsbasar in der deutschen Schule statt. Die Botschaft bringt Ware aus Deutschland: Stollen, Würstchen, Rotkohl, Spekulatius, Adventskalender, Schokoladennikoläuse, Marzipankartoffeln, süßen Senf und Wein. Um 7 Uhr morgens wird geliefert. Bis 10 Uhr müssen wir mit Aufbau und Dekoration fertig sein. Dann werden die Tore geöffnet und eine Stampede kommt auf den Botschaftsstand zugerannt. Drei Stunden später sind wir für gewöhnlich ausverkauft. Das Geld geht an viele verschiedene ägyptische Projekte für Arme und Bedürftige. Ich werde morgen früh die Ware entgegennehmen, durchzählen und beim Aufbau helfen. Viele freiwillige Botschaftsmitarbeiter machen Schichtdienst beim Verkauf. Michael kommt ab 12 Uhr und wird im Kirchenzelt für die Kinder Märchen vorlesen.

Gleich am Tag drauf, am Samstag den 30., ist der Europa-Basar. Da bringen die Botschaften der europäischen Länder ihre Spezialitäten mit. Dieser Basar findet im Ballsaal eines der großen Hotels statt. Auch dort wird unsere Ware schon um 7 Uhr morgens geliefert. Hier müssen wir sehr schnell aufbauen, denn schon ab 9.30 Uhr werden die Türen geöffnet. Abends haben wir eine Veranstaltung. Ob ich mitgehe, entscheide ich kurzfristig.

Am 1. Dezember wird die Residenz weihnachtlich dekoriert. In diesem Jahr werde ich wieder eine Pyramide aus Weihnachtssternen und Rosmarinpflanzen bauen. Das Personal freut sich schon riesig darauf. Alle helfen mit. Am selben Tag findet im Schweizer Klub außerhalb der Botschaft eine von Michael einberufene Botschaftsklausur statt, in der besprochen wird, was die Botschaft im veränderten Umfeld des Landes bewirken kann.

Am 2. Dezember gibt es ein Mittagessen mit dem Personal der Residenz: Koch, Hilfskoch, Putzfrau, Gärtner, privater Fahrer, Dienstfahrer und Reiniger. Wir essen am großen offiziellen Tisch im Esszimmer, und sie fühlen sich sehr geehrt. Abends gehen wir zu einer Vernissage.

Am 3. Dezember geben wir ein Abendessen für 20 Personen. Es wird ein Büfett zu Ehren von drei Besuchern aus dem Auswärtigen Amt. Hinzu kommen Gäste, die oft bei unseren Veranstaltungen eingeladen sind. Ich habe mit dem Koch das Menü geplant und ihm mehrere neue Ideen vorgeschlagen.

Am 4. Dezember ist der Adventskaffee für die deutschsprachigen Senioren. Da kommen 80 Damen, die vor 30 bis 40 Jahren hierher geheiratet haben. Der katholische Monsignore und das evangelische Pfarrerehepaar sind auch eingeladen. Der Koch hat Rezepte für Plätzchen und Kuchen. Wir werden aus drei unterschiedlich großen Tellern Etageren bauen. Damit diese Konstruktion nicht abstürzt, kleben wir die Geschirrteile mit kleinen Teigkugeln aneinander.

Am 10. Dezember ist die große Weihnachtsfeier für alle Botschaftsangehörigen mit Kindern. Da kommen an die 300 Menschen zusammen. Alle machen sich schön und betreten um 16 Uhr den Garten, wo es Glühwein gibt und Glühapfelsaft und eine Kleinigkeit, um den ersten Hunger zu stillen. Dann kommt der Nikolaus und verteilt Säckchen an die Kinder. Die große Schlacht am Büfett findet in diesem Jahr im Garten statt. Bei dieser Menge an Menschen ist es drinnen nicht zu leisten.

Besuch

Jeder verrückten Idee geht eine verrückte Idee voraus. Wie wär es mit einem fröhlichen Konzert? Wir kontaktieren Marisol und fragen, ob »The Serious Beans Project« Lust auf Ägypten hat.

Die »Beans« sind nicht mehr gemeinsam in Maastricht. Sie leben in verschiedenen Städten Europas, machen ihren Master oder ein Praktikum oder arbeiten.

Für das letzte Novemberwochenende waren sie aber abkömmlich. Ein Reisebüro organisierte für alle Bandmitglieder den Flug über Istanbul hierher. Marisol kam sogar einen Tag früher. Zwei Konzerte wurden organisiert. Eines am Samstag in einem Theatersaal, der von vielen Jugendlichen und Aktivisten frequentiert wird. Vorher spielte eine ägyptische Band mit ähnlicher Stilrichtung. Youssra, eine wunderbare junge Frau am Akkordeon, sang in Begleitung von vier männlichen Musikern ägyptisch-arabische Lieder. Nach ihrem Konzert kamen die »Beans« hinzu. Gemeinsam spielten sie erst ein Lied der ägyptischen Band. Es handelte von einem roten Teddybären. Danach bekam Youssra einen knallroten Plüschteddy von den »Beans« überreicht. Beide Bands spielten sodann ein Stück von den »Beans« und gaben dem Publikum einen Vorgeschmack auf die nächste Stunde. In einer kurzen Umbaupause verließen die meisten den Saal. Kaum aber legten die »Beans« mit ihrem Auftritt los, stürmten ungefähr 400 Leute wieder hinein und genossen die erfrischende Musik, staunten über die sehr ausdrucksvolle Bandsängerin Valeria aus Italien, über musikalische Dialoge zwischen Florians (Deutschland)

Akkordeon und Marie-Florences (Schweiz) Geige, jubelten über die beiden Gitarren von Simon (Belgien) und Juan (Holland) und über Marisol mit ihrer Trompete. Ein Riesenerfolg!

Alle Bandmitglieder wohnten bei uns. Sie hatten sich seit mehreren Wochen nicht gesehen. Am Sonntagabend gaben sie ein weiteres Konzert in der Residenz. Es kamen 90 Gäste. Die »Beans« spielten ein Set, dann wurde das Büfett eröffnet und eine Stunde später spielten sie ein weiteres längeres Set. Das Publikum war begeistert. Die Stimmung war toll, und alle haben sich darüber gefreut, dass es mal etwas ganz anderes zu sehen und hören gab. Youssra war auch gekommen. Als die Zuhörer gegangen waren, begann eine Jamsession mit Youssra mit Akkordeon, Trommeln, ein bisschen Bauchtanz und dem Lied vom roten Bären. Danach ging die ganze Truppe aus. Sie kamen um sechs Uhr morgens zurück, packten eilig und fuhren eine halbe Stunde später zum Flughafen. Dab Dub Dab Dub Dab Dub. Mein Ohrwurm.

Gleichzeitig war Anais hier. Es war eine gute Gelegenheit, um Marisol zu treffen und die Band zu hören. Außerdem wollte sie im Nun-Center für alternative Therapien einen Vortrag halten: »Sechs Dinge, die ich gerne gewusst hätte, bevor ich mich selbstständig machte«, sowie einen dreitägigen Workshop geben für Leute, die eine neue Geschäftsidee haben und noch einen kleinen Tritt brauchen.

Beim Vortrag war ich dabei. Es hatten sich 23 Interessierte dafür angemeldet. Alle kamen, was für hiesige Verhältnisse ungewöhnlich ist. Sie hatte auch sonst eine gut gefüllte Woche und schaffte alles, was sie sich vorgenommen hatte. Sogar ein Gang durch den Basar war noch drin. Mit zwei dicken Koffern reiste sie nach München zurück.

Es war wirklich etwas Besonderes, wieder beide Töchter gleichzeitig in Ägypten zu haben.

Eine lange Autofahrt

Am Wochenende fuhren wir mit dem Dienstwagen nach Hurghada und machten einen Ausflug der besonderen Art zum Jebel Dukhan, dem Rauchenden Berg. Die Führung übernahm Pierre, ein älterer Schweizer, der in einen Beduinenklan hineingeheiratet hatte. Mit zwei Jeeps fuhren wir in das Gebiet seines Klans. Über 300 Jahre hinweg hatten die Römer aus dieser Gegend Porphyr gewonnen und mit großem Aufwand nach Europa transportiert. Die tonnenschweren Steine wurden an Seile gehängt und über Erdrutschen hinuntergelassen. Sie wurden dann auf Ochsenkarren gehievt und über viele Kilometer bis nach Qena an den Nil gezogen. Von da aus ging es per Schiff nach Europa. Sehr spannend! Michael war in seinem Element. Zum Abschluss gab es ein beduinisches Essen.

Am Tag darauf fuhren wir nach Luxor. Die Strecke ist vom Auswärtigen Amt für deutsche Touristen noch als gefährlich eingestuft. Gäste, die in Hurghada Urlaub machen, können nur fliegen, wenn sie auch Luxor sehen wollen. Wir kamen problemlos durch.

In Luxor fand eine Konferenz statt, die Michael miteröffnete. Er war der vierte Redner. Alle vor ihm hielten sich streng an das Protokoll und begrüßten die unheimlich vielen Minister in der notwendigen Reihenfolge. Dann bedankten sie sich bei denselben Ministern und benannten sie erneut. Das Publikum verdrehte ungeduldig die Augen. Als Michael dran war, bat er höflich um die Erlaubnis, den Begrüßungsprozess abzukürzen und versicherte allen, dass er sich über ihre Anwesenheit und ihren Beitrag für das Projekt freue. Die folgenden Redner taten es ihm nach. Auch bei manch einer der späteren Veranstaltungen kündigten Redner an, es dem deutschen Botschafter nachzumachen und nicht alle der Reihe nach zu nennen.

Am nächsten Morgen erfolgte die Rückfahrt nach Kairo über die westliche Wüstenstraße, um deren Zustand zu testen. Diese war stark heruntergekommen, und es gab unterwegs kein Benzin. Wir hatten zum Glück Kanister mit und mussten mit schlechtem Benzin nachfüllen. Nach neun Stunden kamen wir erschlagen am Stadtrand an. Um den Staus auszuweichen, nahm der Fahrer eine Strecke, die uns um die Pyramiden herumführte. Sie wurden von der Dezembersonne besonders schön bestrahlt.

2014
Zeitlos

Es ist Januar 2014. Die drei letzten Wochen folgen im Zeitraffer: vier Tage in München, Christkindlmärkte, ein bisschen Weihnachtsshopping. Zurück nach Kairo. Einladung für die *Friends of the Opera.* Arien neben meinem Weihnachtssternbaum. Ankunft von Marisol. Zu dritt Fahrt zur Oase Fayoum. Sonnenereignis in einem Tempel. Leider mit so vielen VIPs, Kameras und Interviews, dass es keinen Moment gab, um das Ereignis an sich genießen zu können. Highlight: Besuch im Dorf Tuniz, wo seit Jahren eine Schweizerin den Einheimischen das Töpfern beibringt. Besichtigung des Anwesens. Fahrt nach Soma Bay, um Weihnachten zu feiern.

Anais war schon da. Sie war von München direkt nach Hurghada geflogen. Wir bewohnten eine Suite. Zwei Schlafzimmer und ein Wohnzimmer. Anais hatte im Koffer zwei große Tannenzweige mitgebracht. Aus denen bastelte Michael einen süßen, kleinen Weihnachtsbaum mit echten Kerzen. Wir machten uns für das Abendessen im Hotelrestaurant schön. Marisol hatte gute Musik dabei und wir vollführten vor dem Essen in der Suite einen fröhlichen Bockfreudentanz. Nach dem Essen trafen wir uns zur Bescherung. Da wir zu viert waren, hatten wir mal wieder beschlossen, zu dichten. Michael schrieb ein einziges, dafür zwei Seiten langes Gedicht über Computer:

Der Mensch im Heute, Hier und Jetzt
Ist elektronisch gut vernetzt.

Was immer macht und tut er –
Er handelt per Computer.
In diesem Leben virtuell
Geht alles ganz besonders schnell.
Gerät und Meister niemals ruh'n
Sie müssen immer etwas tun.
Fällt etwa uns das Rechnen schwer
Dann muss sogleich der Rechner her.
Der rechnet schlau im Nu
Wofür zu müd bist du!
Beim Schreiben dieses ähnlich ist.
Wer dafür viel zu dämlich ist
Für den ist's nicht zu spät!
Per Knopfdruck am Gerät
Mit Schreib- und Korrekturprogramm
Fängt der Gedanken Fluss dann an
Und wird nicht inhibiert
Durch – was mit Recht geniert:
Die Regeln der Orthografie
Die vielfach hat beherrscht noch nie
Der Menschen große Überzahl
In unserm irdn'nen Jammertal!
Bei all dem ist auch angesagt
Damit der Rechner nicht verzagt
Dass pfleglich man behandle ihn
Und niemals wasche mit Benzin
Kaffee, Tee oder Apfelsaft
Denn all dies raubt ihm Lebenskraft.
Gar manch Gerät ist auch benommen
Durch Viren, die es hat bekommen.
Da hilft auch Rotz und Schnäuzen nicht
Wenn's an Gesundheit ihm gebricht.

Da hilft nur ein Spezialprogramm
Das man ihm einspielt dann und wann.
So habt ihr Freude miteinand
Und festigt das Familienband
Indem ihr immer fleißig skypt
Und damit eng beinander bleibt.

Marisol überraschte Anais mit einem Topf Honig aus Spanien, in dem sie ein Armband (im Plastiktütchen) versenkt hatte: »Wenn dann alles richtig pappt, dann hat mein Plan geklappt.« Wir freuten uns und lachten viel. Tagsüber konnten wir bis ungefähr 16 Uhr auf der Terrasse liegen und lesen. Mittags waren wir sogar im Meer baden. Am 28. fuhren wir Anais zum Flughafen und dann mit Marisol weiter nach Kairo. Gleich am nächsten Morgen flog sie nach Madrid.

Wir sind ungeduldig. Wir warten immer noch auf einen Anruf aus dem Auswärtigen Amt. Wir warten auf eine Nachricht in Sachen Versetzung. Sie kam nicht zu Weihnachten und nicht zum Jahreswechsel.

Irgendwann im Advent hörten wir einer Märchenerzählerin zu. Es war ein typisch arabisches Märchen. Als der Prinz zum dritten Mal an den Baum trat, um den Vogel zu fragen, wo sich seine Geliebte befand, sah ich, dass Michael nervös mit den Fingern auf der Sitzlehne trommelte.

Es fällt mir immer schwerer, zentriert zu bleiben. Ich schlafe schlecht und bin mal wieder sehr nah am Wasser gebaut. Es kommen wieder schwierige Tage auf die Menschen in Ägypten zu. Am 8. geht der Mursi-Prozess weiter. Am 14. und 15. soll das Referendum zur neuen Verfassung stattfinden. Täglich gibt es Bombenanschläge auf Busse, Polizeistationen, Unis. Am 25. Januar jährt sich der Tag der Revolution. Schon wieder. Eigentlich möchte ich nicht hier sein. Michael wird für eine Woche nach Berlin und Hamburg reisen, um Vorträge über Ägypten zu halten. Soll ich mit? Soll ich lieber zu Steffi nach Malaysia?

Ohnmacht

Die Stimmung im Land knistert. Schon wieder? Noch? Hier und da werden Bomben gefunden und entschärft, manche gehen in die Luft. Viele Demonstranten wurden festgenommen. Heute und morgen soll über die neue Verfassung abgestimmt werden. Wer dagegen ist, ist ein Staatsfeind, ein Terrorist. Dabei kann man die neue Verfassung schon seit Wochen auf dem Markt erwerben! Aber wenn man das in den einschlägigen Kreisen erwähnt, wird es unter den Teppich gekehrt. »Nein, so ist das nicht.« Neulich hörte ich von einem berühmten Arzt einen Lobgesang auf General Al-Sissi. Er wird als der Retter Ägyptens gehandelt. Es werden sogar Pralinen mit seinem Konterfei verkauft. Ich fragte den Arzt, ob ihm klar sei, dass es genau Al-Sissi war, der vor einigen Jahren demonstrierende Frauen festnehmen und Jungfrauentests unterziehen ließ. »Nein, das würde er niemals machen. Und wenn. Wer weiß, was das für Frauen waren.« Von mir hierzu kein Kommentar.

Es mischt sich meine eigene Stimmung mit der im Lande. Ich weiß nicht, was zuerst kam. Jedenfalls fühlt es sich an wie kurz vor einer Explosion. Ich weiß nur nicht, was explodieren wird. Weitere Bomben? Der Assuan-Damm? Mein Kopf? Mein Herz? Mitfühlen und Empathie haben auch Nachteile.

Wie schon einmal bekam ich gestern diese Ohnmachtsgefühle ausgerechnet wieder bei einem Friseurbesuch gespiegelt. Es hatte gut angefangen. Der Friseur, ein netter Libanese, hatte mich ungefragt beraten: ein bisschen mehr Frische, Leichtigkeit, die Länge jedoch halten …

Obwohl ich mir im ganzen vergangenen Jahr immer nur in Deutschland die Haare hatte schneiden lassen, war ich überredet. »Frische« und »Leichtigkeit« ist halt genau das, was ich derzeit bräuchte. Er schnippelte hoch über meinem Kopf. Was abfiel, schien gar nicht so viel zu sein. Dann kam ein zweiter Friseur zum Föhnen. Er wollte meinen Scheitel links legen. Ich erzählte von meinem 59 Jahre alten Wirbel, an dem sich ach schon so viele Friseure versucht haben. Er sagte nur: »Ich weiß« und machte weiter. Mit viel Lack und Lockenstab hielt der Wirbel. Es sah auch gar nicht so schlecht aus. Ich bezahlte und ging zu einer Kaffeeeinladung. Eine Stunde später fiel die Frisur zusammen und ich sah aus wie aus der Regentonne gefischt. Heute morgen probierte ich selbst, mich irgendwie zu frisieren. Der neue Schnitt erlaubt den Scheitel nur links. Folge ich der bekannten Laune meines Wirbels, sind die Haarstufen auf der Wange schief und wirken wie angenagt. Wie hätte ich mich wehren sollen? Hätte ich wutschnaubend, mit noch nassen Haaren den Laden verlassen sollen? Am nächsten Tag ging ich wieder hin. Der Friseur sagte: »Ach sooo! Sie wollten einen flexiblen Pony, den man mal nach links, mal nach rechts kämmen kann?« Den Teil des Satzes »Hätten Sie das doch gleich gesagt« ließ er weg. Aber er stand deutlich im Raum. Jetzt komme ich mit der Frisur klar. Ich muss herausfinden, wie man Wirbel auf Arabisch sagt!

Sprache

Ich komme mit der Sprache eigentlich ganz gut zurecht. Wenn man es essen kann, kann ich es vermutlich auch sagen. Für den Alltag reicht, was ich gelernt habe. Manchmal stoße ich an meine Grenzen. Ich wollte Freunde besuchen, die etwas außerhalb in einem Compound wohnen.

Ein Dialog mit Hani:
- Die Freunde wohnen in »Sheikh Zayed«.
- Kenne ich nicht.
- Nahe dem Hypermarkt.
- Kein Problem, das finden wir!

Wir fuhren keine Viertelstunde, da sah ich ein Schild.
- Da! Da steht es: »Sheikh Zayed«.
- Ach sooooo! »Scheikh Zayed«!!!!
- Was habe ich denn gesagt?
- »Scheikh Zayed«.
- Und WIE sagt man es richtig?
- »Scheikh Zayed«.
- Na gut!

2014

Im Januar flogen wir nach Assuan. Das *Cataract*-Hotel war bis 2011 renoviert worden und stand schon lange auf unserer »To-Do«-Liste. Welch ein Ort! Der alte Teil wahrt den Agatha-Christie-Charme auf gelungene Weise. Wir wohnten im neuen Teil und hatten einen herrlichen Blick über den Nil und die Insel Elefantine.

Am Freitagmorgen ließen wir uns gleich nach dem Frühstück zu einem einsamen, quadratkilometergroßen Areal fahren, in dem jährlich ein Bildhauersymposium stattfindet. Wir genossen es, völlig alleine eine große Ansammlung toller Granitskulpturen zu betrachten. Der Taxifahrer hatte auf uns gewartet und fuhr uns anschließend zum Gewürzmarkt. Da noch Gebetszeit war, waren nicht alle Stände geöffnet. Hier war der fehlende Tourismus deutlich zu spüren. Die Verkäufer sind verzweifelt. Wir feilschten um die Preise, einfach weil es dazugehört, doch richtig Spaß machte das nicht. Die Menschen sprechen Tourismus und Terrorismus auf ähnliche Weise aus. »There is no tourism« hört sich an wie »there is no terrorism«. Auf dem Rückweg zum Hotel bot uns ein Nubier eine Felukenfahrt an. Zwei Stunden lang segelten wir um die Insel, genossen die milde Sonne und die Ruhe.

Ein unvergessliches Wochenende!

Zu Hause angekommen, ging Michael sofort ins Büro und wurde prompt vom Bereitschaftsdienst angerufen: Ein deutscher Journalist, der zwar eine Drehgenehmigung beantragt, aber noch nicht erhalten hatte, hatte in seinem Hotel einige junge Aktivisten interviewt. Diese wurden beim Verlassen des Hotels festgenommen. Dem

Journalisten wurde das Filmmaterial abgenommen und auch er und sein Team mussten auf die Wache. Michael ließ sich hinfahren. Nach fünf Stunden Reden und Verhandeln konnte der Journalist mit einer Mahnung und seiner Kamera wieder abziehen. Zwischendurch wurde für alle Essen serviert. Einer der anwesenden Sicherheitsbeamte erwähnte, dass er damals dabei gewesen war, als von der Botschaft die große Torte an die Polizeistation geliefert worden war.

Zuerst wussten wir nicht, was aus den interviewten Aktivisten geworden war. Vier Stunden später erfuhren wir, dass auch sie freigelassen wurden. Große Erleichterung.

Ein wenig Aktivismus

So fantastisch das Wochenende in Assuan war, die Bilder der verzweifelten Menschen ließen mich nicht los. Hunderte von Nilkreuzfahrtschiffen liegen vor Anker. Weit und breit sind keine Touristen zu sehen. Ein Mann im Souk hatte erzählt, dass er seinen Esel töten muss, weil er ihn nicht mehr füttern kann. Ich frage mich, warum kein nationaler Tourismus stattfindet und nehme mir vor, bei einer passenden Gelegenheit mal eine deutliche Meinung auszusprechen. Die Gelegenheit ergab sich sehr bald, beim monatlichen Treffen des *International Club.* Ich wurde, wie so oft, darauf angesprochen, dass mein Mann doch dafür sorgen möge, dass wieder deutsche Touristen nach Ägypten kommen. Sinngemäß sagte ich: »Mein Mann und sehr viele andere Botschafter tun ihr Bestes, damit der Tourismus wiederkommt. Bis alles wieder anläuft braucht es aber Zeit. Wir waren soeben über das Wochenende in Assuan. Es tut in der Seele weh, zu sehen, wie schlecht es den Menschen dort geht, weil keine Touristen kommen. Es ist Zeit, dass ihr selbst etwas für euer Land tut! Ihr fordert, dass Europäer kommen und selbst macht ihr Urlaub in London und Paris. Geht nach Assuan! Macht eine Nilreise. Leinen los! Die Schiffe müssen bewegt werden. Wenn auf dem Nil Bewegung ist, lockt das auch andere Reisende an. Es ist wie in einer Straße mit mehreren Restaurants. Würdet ihr in eines gehen, in dem kein Tisch besetzt ist? Werdet kreativ! Ladet ägyptische Schulklassen auf eine Nilreise und ins Tal der Könige ein!« Betroffenheit machte sich breit. Nur für einen Moment. Dann redeten alle durcheinander. Die Clubpräsidentin schaffte es für Ruhe und einen koordinierten Gedankenaustausch zu sorgen. Innerhalb kürzester Zeit war ein Datum für eine Schifftour nach Abou Simbel gewählt! Es fand sich ein freiwilliges Organisationsteam und die Begeisterung war groß. Neue Unruhen verhinderten diesen einen Schritt für den Nationaltourismus, aber ich war froh, mal das, was mich bewegt, ausgedrückt zu haben.

Bei einem weiteren Clubtreffen stand ich in einer kleinen Runde mit zwei oder drei Botschafterehefrauen und drei Ägypterinnen. Wir unterhielten uns, wie so oft seit der Revolution, über die Zukunft und Perspektiven Ägyptens. Ich wagte zu sagen: »Ich bin überzeugt davon, dass sobald Frauen ihre Söhne anders erziehen, Ägypten sich stark verändern kann.« Noch bevor ich den Gedanken weiter ausführen konnte, sagte eine Journalistin voller Aufregung: »Du hast ja so recht! Und … weißt du was? Genau das habe ich heute getan!« Überrascht fragte ich sie: »Ah, ja? Wie denn?« Sie, voller Stolz: »Ich habe heute meinem Koch und meinem Fahrer gesagt, dass sie nie wieder die Moslembrüder wählen dürfen!«

Kein Kommentar.

Organisieren

Es ist das vierte Mal, seit wir hier auf Posten sind, dass der Vorsitzende der CDU/CSU-Bundestagsfraktion Volker Kauder nach Kairo kommt.

Von den großen Vorbereitungsaktionen seitens der Botschaft bekomme ich nicht viel mit. Vor ein paar Wochen kamen erste »Vorwarnungen«, dass auch in der Residenz etwas stattfinden soll. Ich markierte schon einmal den Tag im Kalender. Einige Tage später hieß es: Büfett-Abendessen für circa 30 Personen. Vor einer Woche änderte sich das Programm ein wenig: ab 19 Uhr Gespräch mit Schülern der Deutschen Evangelischen Oberschule, anschließend kleines Büfett.

Der Schuldirektor kümmert sich persönlich um den Transport der Jugendlichen, die zum Teil sehr weit weg wohnen.

Es kommt der Einwand, dass, wenn der Direktor dabei sitzt, die Gefahr groß ist, dass die Schüler den Mund nicht aufbringen. Das macht gar nichts: Er soll einfach seine Frau mitbringen, und sie besuchen mich zu einem Glas Wein im oberen Stockwerk, während in den offiziellen Räumen geredet wird. Des Weiteren kommt die Nachricht, dass auch Schülerinnen der beiden anderen deutschen Schulen kommen werden. Und deren Schulleiter. Und ein Vertreter. Macht gar nichts, alle zu mir! Auch die deutschen Journalisten wollen sich den Besuch von Herrn Kauder nicht entgehen lassen. Um 18 Uhr Presserunde für »maximal 15 Personen«. Ich bespreche mit Farag das Menü und mit Hani den Aufbau für erstens die »kleine« Presserunde im Damensalon und zweitens für die anschließende, größere Schülerrunde im großen Salon. Ein Mitarbeiter der Botschaft erinnert sich, dass sich die Kopten in den nächsten 55 Tagen nur vegan ernähren dürfen. Ich bespreche mit Farag die Änderungen. Es wird genügend vegane Optionen geben. Gestern kam eine Mail aus der Botschaft: Die Runde der deutschen Journalisten wird größer. Sie rechnen mit 20 Personen. Außerdem kommen drei Sicherheitsleute aus der Delegation, die wir im kleineren Raum neben dem Salon gut unterbringen und versorgen können.

»Es könnte sein, dass sich die gesamte Delegation etwas verspätet und die Presserunde nicht ganz pünktlich starten kann …«, hieß es gestern Abend.

Heute Nachmittag erfuhr ich, dass das ägyptische Fernsehen unbedingt Herrn Kauder interviewen will. Er sagte zu und von ägyptischer Seite wurde breit gestreut: heute ab 17 Uhr Interview in der Residenz. Es meldeten sich 48 Sender … Die Botschaft handelte sie auf vier runter.

Im Moment sieht das Programm aus wie folgt:

Um 17 Uhr kommen die Fernsehsender und bauen ihre Kameras im großen Salon auf. Damit sind sie fertig bis die Delegation und die deutschen Journalisten um 18 Uhr ankommen. Nun müssen sich die TV-Leute ganz ruhig verhalten, um die deutsche Presserunde nicht zu stören, die bis 18.45 Uhr gehen soll. Danach dürfen die TV-Sender interviewen. Inzwischen werden die Schüler mit ihren Schulleitern abgefangen und im Garten mit Säften und Knabbereien versorgt. Ab 19.15 Uhr verlassen alle Journalisten die Residenz. Die Schüler nehmen im großen Salon Platz, und ich bewirte die Schulleiter im oberen Wohnzimmer. Wenn diese Frage-und-Antwort-Runde beendet ist, kommen wir auch runter und nehmen am Büfett-Abendessen teil.

So weit die Theorie. Wenn man mich fragt, kann dieser Ablauf, so wie er ist, mit Mühe in der Schweiz funktionieren.

PS: Es lief alles bestens und alle waren zufrieden.

Was ist Geduld?

Die erste Woche März ist um, und wir wissen noch nicht, wann wir wohin versetzt werden.

Im Land gibt es immer noch Unruhen. Vor allem freitags. Es folgen Festnahmen. Keine Toleranz für Andersdenkende. Auf der Sinai-Halbinsel ist die Lage unübersichtlich. Da gibt es auch Terroranschläge. Der Semesteranfang für Schulen und Universitäten wurde schon einige Male verschoben. Zuletzt auf den kommenden Sonntag. Wegen der Schweinepest, sagt die Regierung.

Seit nun schon drei Wochen gab es keine Stresssituationen, die uns direkt betreffen. Eigentlich fühlt sich Kairo im Moment an wie ein ganz normaler Posten. Der Frühling hat begonnen, es weht ein laues Lüftlein und die Bäume beginnen zu blühen. Unsere Töchter schimpfen: »Kaum fliegen euch keine Bomben um die Ohren, tut ihr, als würdet ihr auf den Bahamas leben!«

Der Anruf

»Herr Bock, wir haben vor, Sie nach Stockholm zu versetzen.« Kontrastprogramm. Kulturschock. Es ist Anfang Mai. Irgendwie kann ich mich noch nicht so richtig freuen. Wahrscheinlich, weil wir so unglaublich lang auf die Versetzung gewartet haben. Wie ich mich kenne, kommt die Freude schon noch. Jetzt aber heißt es, Gas zu geben. Michael ist nach Berlin zu einer Konferenz über den Mittleren Osten eingeladen worden. Die findet am 21. statt. Es bietet sich an, an dem Tag gleich definitiv abzureisen. Wir würden erst ein paar Wochen in Berlin Schwedisch lernen und im Juli nach Stockholm ziehen. Das heißt, dass eigentlich Anfang nächster Woche gepackt werden muss!

Ich kontaktiere zwei Umzugsfirmen. Die eine ist eine halbe Stunde später da. Die andere schickt jemanden am Nachmittag.

Die zwei vorgeschriebenen Kostenvoranschläge sind da. Obwohl donnerstags nur halbtags gearbeitet wird, kann der Papierkram erledigt werden, und ab morgen wird gepackt.

Rituale

Wir sind heute zu zweit durch alle Räume und durch den Garten gegangen und haben Erinnerungen aufgezählt. So haben wir die Residenz und unser Haus verabschiedet.

Ich werde die Sonne vermissen. Das Wetter. Das leckere Obst. Gemüse, das nach Gemüse schmeckt. Mein Personal, das fast zum Familienersatz wurde. Und ganz viele, unheimlich liebe Menschen.

Wer einmal vom Nilwasser getrunken hat, kommt wieder.

Umzugsmarathon

Unser privater Haushalt war schon in Kartons und im Container verstaut. Im Garten der Residenz fand eine Einladung mit Bankern statt. Sie gehörte zu mehreren Events, die sowieso auf der Agenda standen. Die Frau eines Bankers aus Deutschland fragte: »Und Sie haben keine Zeit für eine Abschiedsparty? Und Sie haben noch gar nicht gesehen, wo Sie in Stockholm leben werden?« Als ich ihr in beiden Fragen recht gab, weinte sie.

Am Tag darauf verabschiedeten wir uns von der Belegschaft der Botschaft. Wir kamen wiederum im Garten der Residenz zusammen. Es gab verschiedene liebe Reden, und bei vielen flossen die Tränen. Ich steckte in einem emotionalen, selbst gebauten Betonpanzer.

Wir stiegen in den Dienstwagen und fuhren nach Hurghada. Dort stand Michaels letzte Amtshandlung auf dem Programm. Der Honorarkonsul wurde in den Ruhestand verabschiedet, ein neuer wurde ernannt. Kurz vor der Ankunft gab es einen Knall. Einer der Reifen des gepanzerten Mercedes war explodiert und sah aus wie eine Perücke. Fahrer Alaa wechselte ihn, und wir kamen gerade rechtzeitig zur Feier an. Nach einer sehr kurzen Nacht fuhren wir wieder ab. Diesmal ging es direkt zum Flughafen Kairo. Alaa fuhr so langsam wie noch nie. Er wollte den Ersatzreifen nicht strapazieren, aber auch möglichst noch viel Zeit mit uns sein. Er sagte immer wieder: »Merkwürdig! Obwohl ich so langsam fahre, vergeht die Zeit so schnell.« Dann kamen wir an und konnten unsere Koffer mit dem erlaubten Übergepäck für den Flug nach Berlin einchecken.

Zu guter Letzt

Wir übernachteten in Tegel, im Gasthaus der Ausbildungsstätte. Als ich am nächsten Morgen aufwachte, blickte ich auf den Tegeler See. Die Sonne schien, die Vöglein zwitscherten. Ich sagte zu Michael: »Du, ich habe geträumt, wir seien fast fünf Jahre lang in Kairo auf Posten gewesen.«